纳税实务全真实训系列教材

增值税发票网上认证实训系统教程

CMAC 认证中心　主编

ZHEJIANG UNIVERSITY PRESS
浙江大学出版社

图书在版编目（CIP）数据

增值税发票网上认证实训系统教程 / CMAC认证中心主编. —杭州：浙江大学出版社，2011.9（2016.3重印）
ISBN 978-7-308-09148-0

Ⅰ.①增… Ⅱ.①C… Ⅲ.①增值税—税收管理—管理信息系统—中国—教材 Ⅳ.①F812.423-39

中国版本图书馆CIP数据核字（2011）第194763号

增值税发票网上认证实训系统教程

CMAC认证中心　主编

策　　划　黄娟琴
责任编辑　张　鸽　许佳颖
封面设计　雷建军
出版发行　浙江大学出版社
（杭州市天目山路148号　邮政编码310007）
（网址：http://www.zjupress.com）
排　　版　杭州中大图文设计有限公司
印　　刷　杭州半山印刷有限公司
开　　本　889mm×1194mm　1/16
印　　张　8
字　　数　226千
版 印 次　2011年9月第1版　2016年3月第4次印刷
书　　号　ISBN 978-7-308-09148-0
定　　价　25.00元

增值税发票网上认证实训系统教程
编委会

前　言

《纳税实务全真实训系列教材》是配合财刀网“税务实训平台”的使用而编写的实训教材及教学案例，根据教学特点结合税务局和企业的业务规范，进行教学角色分工、流程组织、实训效果评估、实训档案采集等方面的探讨。

《增值税发票网上认证实训系统教程》是用于学习和上机操作国税局开发的网上认证软件的专用实训教材，以模拟企业一个会计期间完整业务为基础，以发票为业务的载体，按照增值税进项发票的认证管理要求，从而完成从模拟税务局端取得《认证结果通知书》和《认证结果清单》等单证，老师根据教学案例的正确答案进行实训结果评价。

《增值税发票网上认证实训系统教程》是初级税务专员岗位认证的必备实践技能之一，也是其他会计岗位需要了解的基本知识。

本教程由CMAC认证中心的李高齐、华龙花及其他多位同事包括陈跃坚、杜丹、孟美伶、章俊、董柏、符沁等参与编写、绘图、修改；同时得到了众多高校财税专业老师对知识点选择、教学案例设计、实训课时安排、实训结果评价标准和方法等内容的审核、补充、修改和完善，正是得到这许许多多在财务、会计、税收、金融、管理等专业领域有深厚理论研究功底和丰富实践教学经验的老师们的精心修改和完善，才有本系列教材的出版，在此一并真诚感谢，他们是：西安思源学院王颖老师，浙江旅游职业技术学院赵金芳、李冬、金建江老师，台州职业技术学院陈天灯、范真荣、邹红燕老师，浙江经贸职业技术学院潘上永、李国辉老师，浙江商业职业技术学院史晓江老师，绍兴中等职业专科学校周铭梨老师，湖州职业技术学院翁玉良老师，河北经贸大学王慧霞老师，杭州万向职业技术学院赵晓云、吴丹妮老师，浙江经济职业技术学院朱丹、王荃、苏吉余老师。

李高齐

2011年8月12日

CMAC 认证与初级税务专员

CMAC 认证全称是会计能力成熟度认证，以提升中国会计人员专业技能和综合素质，是财政部关于《会计行业中长期人才发展规划(2010—2020)》的重要部署。

CMAC 认证中心通过联合财政部会计资格评价中心、中国会计学会及有关财经院校等方面的专家力量，引进国外先进的人才测评技术，自主研发了 HX-LMS 系统和 CMAC 认证平台，创建了会计岗位能力模型。CMAC 认证体系是会计人员在国家会计专业技术职称评定外的又一个权威会计岗位认证体系，是岗位认证技术创新成果的重要应用。

该认证分实习员、出纳员、初级税务专员……财务经理、财务总监等共 15 个岗位等级证书。该证书是企业招聘、用人的测评工具，是会计专业人士的终身专业护照，正逐步被广大用人单位了解和接受。

初级税务专员是 CMAC 认证中心推出的一款专门培养企业办理涉税业务人员的技能等级证书，侧重于培养和测评会计人员对经营主体涉税业务的相关知识和操作技能，既包括税收理论、税收政策等知识的掌握，更重视实际业务操作技能的训练。紧跟国家税收管理科学化、精细化、信息化的潮流，围绕企业和税务局普遍使用的信息系统和管理工具及业务流程，完全模拟实际操作环境、票据及管理要求，给予学生身临其境的效果，增强对实际业务的感性认识，提高学生实际业务动手能力，从而提高就业竞争力。

初级税务专员需要参加以下 5 个及以上税务实训系统的学习和上机操作：《增值税防伪开票实训系统》、《增值税发票网上认证实训系统》、《增值税发票网上抄报税实训系统》、《增值税纳税申报实训系统》、《企业所得税纳税申报实训系统》、《个人所得税纳税申报实训系统》、《综合税收申报实训系统》、《生产企业出口退税申报实训系统》、《外贸企业出口退税申报实训系统》。

参加一个实训项目，经上机操作考试合格，可获得单项实训合格证书，在取得 5 个及以上单项合格证书并且取得 CAMC 3 级电子证书后，可取得《初级税务专员》书面证书。

实训合格证和初级税务专员证书能给学生带来应聘、晋级、加薪等方面的帮助。

目　　录

第一章　增值税发票网上认证系统

第一节　增值税进项发票认证的发展历程

一、认证系统发展背景

1994 年，我国的税收制度进行了重大改革，税制改革的核心内容是建立以增值税为主体的流转税制度。增值税是价外税，有利于公平税负。新税制出台以后，由于税务机关缺乏对纳税人使用增值税专用发票进行监控的有效手段，一些不法分子利用伪造、倒卖、盗窃、虚开增值税专用发票等手段进行偷、逃、骗国家税款的违法犯罪活动，严重干扰了国家的税收秩序和经济秩序。对此，国家除了集中社会各方面力量，加强管理，开展打击伪造、倒卖、盗窃发票等违法犯罪专项斗争，坚决维护新税制的正常运行外，还引入了现代化信息技术以加强对增值税的监控管理。

1994 年 2 月 1 日，时任国务院副总理的朱镕基同志在听取了电子部、航天工业总公司、财政部、国家税务总局等单位的汇报后，指示要尽快实施以加强增值税管理为主要目标的"金税"工程。为了组织实施这项工程，成立了跨部门的国家税控系统建设协调领导小组，下设"金税"工程办公室，具体负责组织、协调系统建设工作。1994 年 3 月底，"金税"工程试点工作正式启动。

金税工程由一个网络、四个子系统构成基本框架。一个网络，就是从国家税务总局到省、地市、县四级统一的计算机主干网；四个系统，就是覆盖全国增值税一般纳税人的增值税防伪税控开票子系统，以及覆盖全国税务系统的防伪税控认证子系统、增值税交叉稽核子系统和发票协查信息管理子系统。

一般纳税人购进货物或接受应税劳务，收到的增值税专用发票和运输发票中，负担的增值税额为进项税额，经过税务局认证合格通过并取得《认证结果通知书》、《认证结果清单》后就可以抵扣。

增值税进项发票的认证工作有两种方式。传统的认证渠道就是会计人员或税务专员拿着增值税进项发票到主管税务局大厅进行进项发票认证。由于税务大厅认证受认证机、工作时间、工作场地以及企业与税务局的距离等因素的影响，认证效率非常低，因此企业的时间、人力、资金等投入非常高。

另一种方式即是网上认证。随着信息技术的发展，一些技术领先的软件企业已经可以解决增值税进项发票的网络远程采集认证与反馈等技术难题，如税友软件集团就是全国仅有的几家经过国家税务总局产品认证合格的软件厂商，其网上认证系统已在全国十几个省市得到大面积推广使用。

财刀网税务实训平台中的《增值税进项发票网上认证实训系统》就是以此软件为技术原

型，针对大学实训需求进行开发的税务软件实训系统，与企业实际使用的网上认证系统几乎完全一致，学生在学校就能模拟实际操作企业的税务软件。

二、网上认证系统的作用

1. 有效防止假票；确保供货方只有用真票申报纳税，购货方才能抵扣税款。

2. 提高对假票和未申报纳税发票的查处力度。

3. 购货方对供货方信用有疑问时，可以在进项发票通过认证和交叉稽核之后再付款。

4. 充分保证企业端和税局端认证数据的一致性，避免企业丢票的现象，实现企业数据和税局认证数据的双向实时比对，保障两者的一致性。

5. 加快进项税额的认证与抵扣工作，可以节约纳税成本。

三、进项发票认证的两条渠道

1. 会计或税务专员到税务大厅认证。上门认证是一般纳税人携带专用发票抵扣联等资料，到税务机关认证发票窗口进行认证。

2. 会计或税务专员在网上远程认证。一般纳税人自行完成专用发票抵扣联扫描、识别，并将扫描识别数据通过网络传输到税务机关，由税务机关完成解密和认证，并将认证结果信息返回纳税人的认证结果。

四、两种认证方法的特点

传统方式的上门认证主要是一般纳税人携带专用发票抵扣联等资料，到税务机关申报征收窗口扫描进行认证。主要存在以下问题：①发票易丢失；②实时性不高，纳税人必须在工作日到税务机关认证；③效率低，因为到税务机关认证企业很多，需排队等候，这样造成时间的浪费；④成本高。

网上认证系统是针对传统方式这些问题而开发的，纳税人可以不受时间的限制，足不出户就能认证发票，而且操作方便，解决了企业发票易丢失及实时性不高、效率低、成本高等诸多问题。此外，网上认证系统还可以集中认证，降低成本；优化服务，树立企业形象；智能审核，科学评估。网上认证已经成为企业发票认证的主要方式。

第二节　网上认证系统的介绍

一、网上认证系统的定义

网上认证，指纳税人扫描识别或手工录入增值税专用发票抵扣联上的发票代码、发票号码、购货方纳税人识别号、销货方纳税人识别号、开票日期、金额、税额以及 84 位密码等票面信息，并转换为电子信息，在确保数据安全传输的前提下，将这些电子信息通过互联网传输到国税局的网上认证服务器，经防伪税控认证子系统解密比对后，生成认证结果，再将认证结果回传给纳税人的一种认证方法，如图 1-1 所示。

二、网上认证系统的流程

1. 纳税人利用扫描仪将发票扫描至网上认证系统，系统采集专用发票抵扣联上的主要信

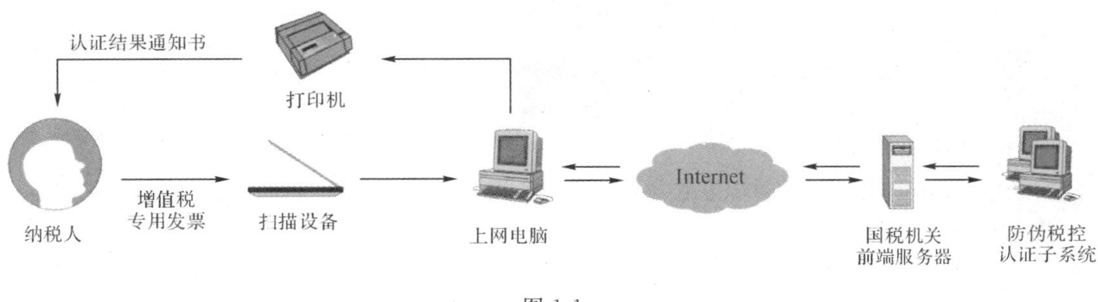

图 1-1

息并转化为电子信息。

2. 纳税人检索出需要传输认证的发票电子信息，将发票电子信息加密后，通过互联网上传至国税局的认证服务器。

3. 网上认证服务器接收到发票电子信息后解密，转发给防伪税控认证子系统，由防伪税控认证子系统对该发票进行识伪认证。

4. 防伪税控认证子系统将 84 位密文解密还原为明文，并与票面明文比对，产生并记录认证结果，回传给网上认证服务器。

5. 网上认证服务器将认证结果回传给网上认证系统，系统接收并显示该结果，同时将该条认证记录存入数据库中备查。

6. 每一张认证发票的电子信息和认证结果，在国税局端和纳税人端都会留有记录和日志。纳税人可以通过互联网从国税局的网上认证服务器下载并打印认证结果清单，认证结果清单上附加有专用印章和电子签名密码，作为核对依据。

三、网上认证系统的设备组成

本系统的设备构成相对比较简单，一台联网电脑、一台扫描仪和一台打印机即可。操作系统建议使用 Windows XP。通过拨号、DDN、宽带等直接连接互联网或通过局域网连接互联网。

扫描仪设备是将增值税发票的一些数据输入到软件中的一个工具。扫描仪将发票扫描成图片，然后转换成需要的发票金额、税额等数据信息。

对于学校的教学环节，我们推荐使用价格比较低廉的专业扫描仪：虹光 FB2600（平板扫描仪），其具体参数如下：光学分辨率为 1200 × 2400 dpi；类型为平台/单页；系统要求为 Windows 98或 Windows 2000 或 Windows XP。

第三节　网上认证系统的操作

一、系统安装和登录

（一）安装

1. 系统安装。从财刀网获得“税务实训平台”系统安装包，单击安装，在弹出“下一步”时均单击“下一步”，弹出“是”或“否”时均单击“是”，出现“完成”后单击“完成”即可。程序安装完毕后，桌面上自动建立本系统的快捷方式：

。

2. 扫描仪安装和连接。

(1)安装：双击光盘上的扫描仪驱动 FB2600B_Drive 文件，系统自动进入安装模式。用户只要根据提示操作即可。

(2)连接：FB2600 型号的扫描仪有两根线。一根接电源插座，带 USB 接口的线接电脑主机(注：USB 接口应插在主机箱后面的插口上)，接好后右击"我的电脑"→"属性"→"设备管理器"→"图像设备"，查看扫描仪是否连接上，如图 1-2 所示。

图 1-2

(二)登录

1. 连接网络，登录前先登入"财刀网"，确认网上认证系统与认证服务器建立通信，确保认证数据的传送、验证与反馈。

2. 双击桌面上 税务实训平台 快捷方式，启动本系统，如图 1-3 所示。

3. 输入从老师处取得的学校编号、用户名账号、密码，逐一录入后，单击"登入系统"按钮，在出现的页面上选择"增值税发票网上认证实训系统"，单击画面或"立即进入"，进入网上认证系统，如图 1-4、图 1-5 所示。

学生的密码初始值是 123456，建议第一次登录后即修改个人密码，若密码不小心遗忘，可

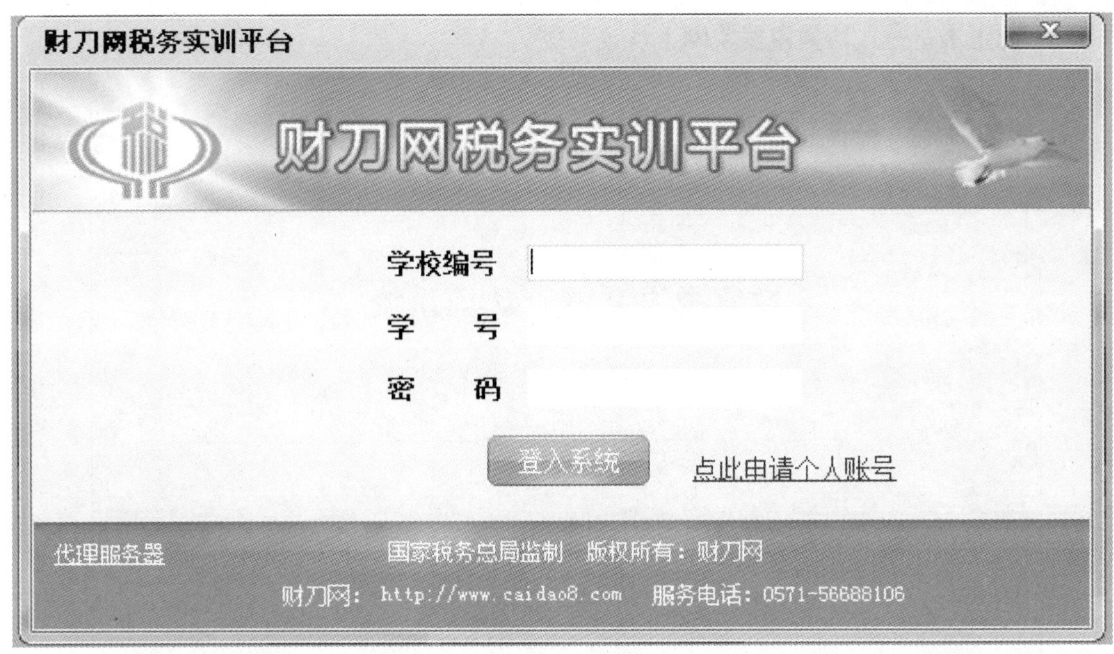

图 1-3

找老帅修改，老帅有重置学生密码的权限，重置后的密码统一为 123456。

若未取得账号，单击“点此申请个人账号”，进入软件下载及账号获取等环节。

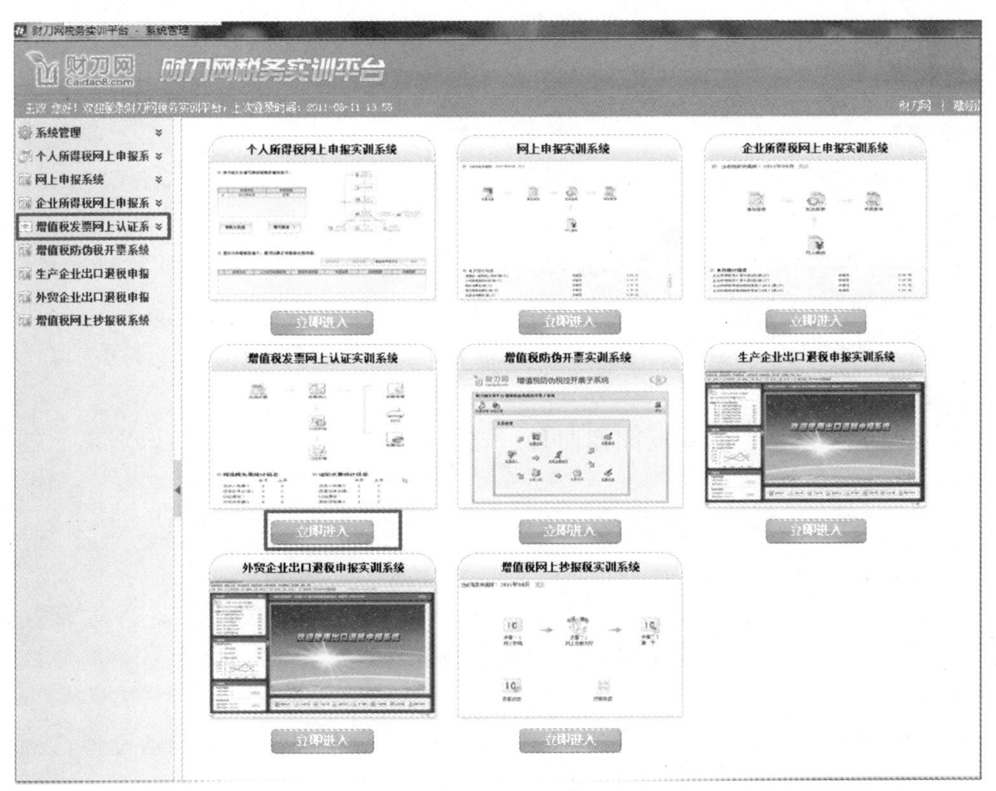

图 1-4

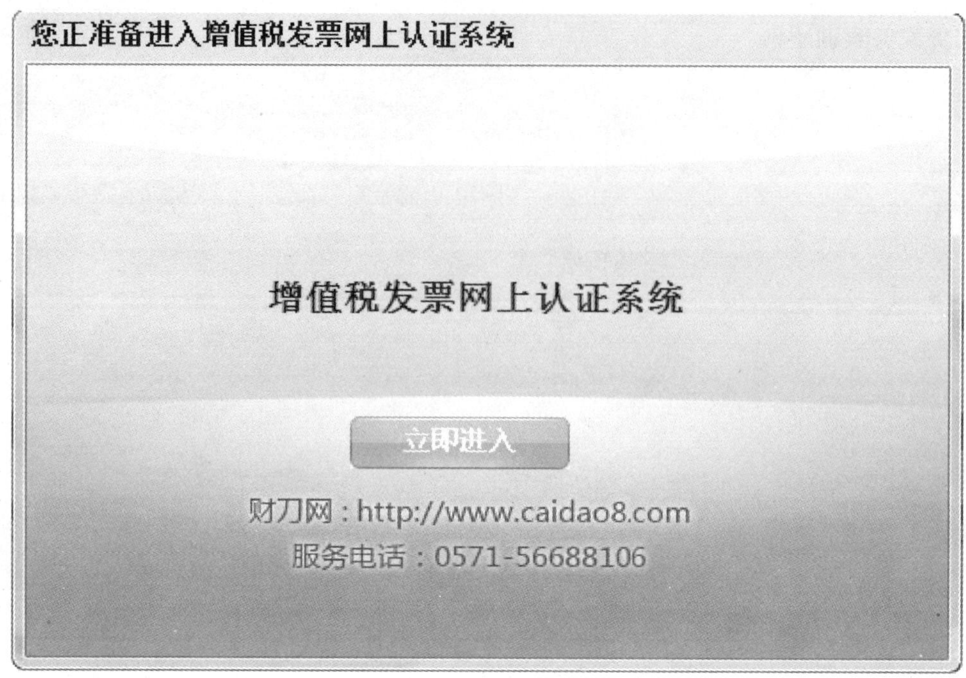

图 1-5

二、系统初始化

(一)参数设置

【扫描设置】

扫描设置包括“扫描仪设置”、“增值税发票扫描设置”和“运输发票扫描设置”。

1. 扫描仪设置

(1)选择“参数设置”→“扫描设置”,选择“扫描仪设置”选项卡。选中计算机连接的扫描仪型号,设置发票方向和扫描方式。发票的放置方向分水平和垂直方向;扫描方式则有平板扫描和高速扫描两种,如图 1-6 所示。不同型号的扫描仪,系统均有默认设置。本系统默认的扫描仪为虹光 FB2600。

(2)图像类型有黑白图像和灰度图像两种。这两种类型在扫描速度和识别率上各有利弊,请根据实际需要来选择。

(3)对比度、亮度。不同的扫描仪,系统均有默认设置,适用于一般情况。如果有特殊要求可根据实际情况进行修改。

(4)设置的扫描仪参数是否合适,通过单击“扫描测试”可以查看效果。保存设置参数,单击“保存”;需要恢复扫描仪的默认设置,单击“默认设置”。

2. 增值税发票扫描设置

针对增值税发票的发票扫描识别等参数进行设置,一般情况下不用特别设置,只需使用默认设置。当发现设置的参数有误时,可以单击“默认设置”恢复。

(1)选择“参数设置”→“扫描设置”,选择“增值税发票扫描设置”选项卡,如图 1-7 所示。

(2)疑问提示:发票扫描识别。

①选中要提示的选项复选框,如选中“发票号码”、“发票金额”两项时,当扫描发票号码或

财刀网税务实训平台 - 增值税发票网上认证系统
财刀网
Caidao8.com
财刀网税务实训平台
沈小飞 您好！欢迎登录财刀网税务实训平台，上次登录时间：2011-08-11 08:26
系统管理
个人所得税网上申报系
网上申报系统
企业所得税网上申报系
增值税发票网上认证系
参数设置
扫描设置
系统设置
金税密钥设置
增值税发票认证
运输发票认证
增值税防伪税开票系统
生产企业出口退税申报
外贸企业出口退税申报
增值税网上抄报税系统
扫描仪设置
增值税发票扫描设置
运输发票扫描设置
请选择扫描仪：（不同的扫描仪发票放置方式不同，请参考帮助。）
虹光FB2600
发票方向：水平方向
扫描方式：平板扫描
默认发票的放置说明：正面朝下，横放，发票头向下
背面
图像类型：
黑白图像（扫描速度较快，但识别率稍低）
灰度图像（识别率稍高，但扫描速度较慢）
对比度：低 高 0
亮度：低 高 0
保存
默认设置
扫描测试

图 1-6

财刀网税务实训平台 - 增值税发票网上认证系统
财刀网税务实训平台
沈小飞 您好！欢迎登录财刀网税务实训平台，上次登录时间：2011-08-11 08:26
扫描仪设置
增值税发票扫描设置
运输发票扫描设置
疑问提示：发票扫描识别
发票代码
发票号码
开票日期
发票密文
发票金额
发票税额
购方纳税人识别号 扫描后不进行提示
销方纳税人识别号
疑问提示：发票逻辑校验
发票代码
开票日期
发票密文
发票金额和税额
销方纳税人识别号
开启发票密文自动学习功能
开启发票录入自动纠正功能
开启高扫过程中校验不通过继续扫描功能
保存
默认设置

图 1-7

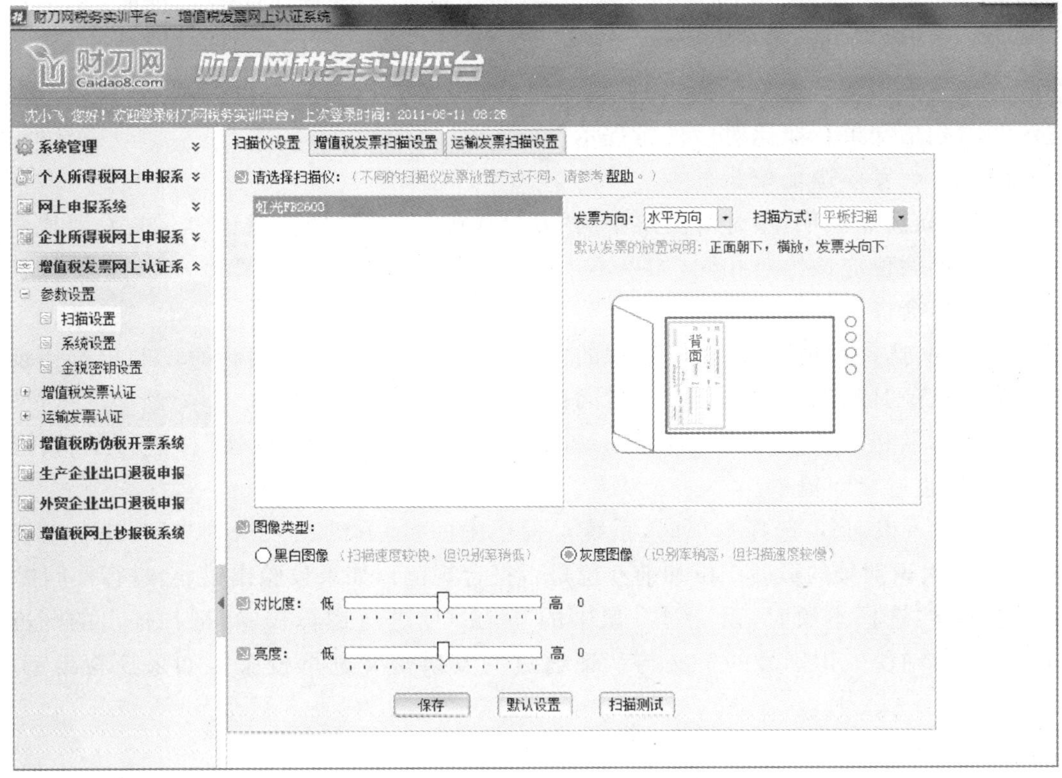

发票金额的置信度(置信度:识别每个字符的准确率)低于系统默认的置信度时,系统会出现提示。

②购方纳税人识别号选项包括“扫描后不进行提示”、“扫描后进行提示”、“智能填写后不进行提示”和“扫描结果智能比对后进行提示”。

(3)疑问提示:发票逻辑校验。

①发票代码:选择本项,系统对发票中的“发票代码”项逻辑校验出错时(如:发票代码与销方识别号的前面两位应该绝对相同,如果不一致,可能出错;发票代码第10位,如果不是0,则有可能出错等),会进行疑问提示。

②开票日期:选择本项,系统对发票中的“开票日期”项逻辑校验出错时(如:根据当前系统时间以及最大认证时间来校验),会进行疑问提示。

③发票的金额和税额:选择本项时,系统对发票中的“金额”和“税额”栏进行逻辑校验,如果校验出错,会进行疑问提示。

④销方纳税人识别号:选择本项时,系统对发票中的“销方纳税人识别号”项进行逻辑校验(校验销方纳税人识别号的最后1位和前6位是否符合规范),如果校验出错,会进行疑问提示。

⑤发票密文:选择本项时,系统对发票中的“密文”项进行逻辑校验(把扫描出的购方纳税人识别号和销方纳税人识别号的密文与认证通过的发票密文进行校验),如果校验出错,会进行疑问提示。

3.运输发票扫描设置

针对运输发票的发票扫描识别等参数进行设置,如图1-8所示,一般情况下不用特别设置,只需使用默认设置。当发现设置的参数有误时,可以单击“默认设置”恢复。

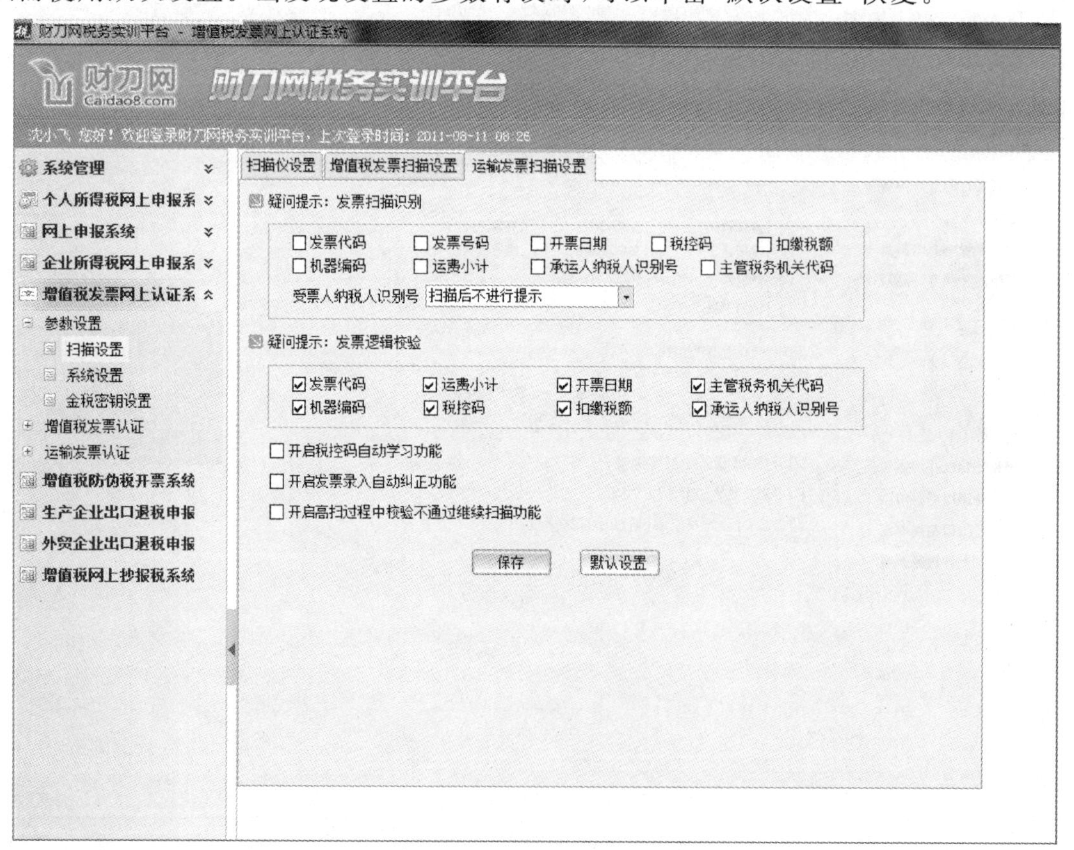

图1-8

【系统设置】

设置发票录入风格和电子印章。当发现设置的参数有误时，可以单击“默认设置”恢复。

(1)选择“参数设置”→“系统设置”，如图 1-9 所示。

图 1-9

(2)录入风格：发票录入提供经典和快速两种风格，默认为经典录入风格。经典录入风格，可以选择扫描录入或手工录入；快速录入风格只有扫描录入。

(3)电子印章：录入默认税务局名称。

【金税密钥的设置】

设置金税密钥文件，在实务中纳税人需持 U 盘到当地主管税务机关拷贝密钥文件，导入系统并进行设置。本实训软件中，每个学生可以使用系统已生成的密钥设置。如果没有设置，系统将会提示不能发送数据。

(1)选择“参数设置”→“金税密钥设置”，如图 1-10 所示。

(2)单击“浏览”，如图 1-11 所示选择密钥文件，单击“打开”。金税密钥文件扩展名为“.dat”。

(3)具体路径和文件夹名称如图 1-12 所示，选择后单击“确定”即可。

(二)当前认证期设置

增值税进项发票认证期是 180 天，本教程的模拟发票为 2011 年 1 月的发票，所以为了实训的需要，须进行当前认证日期的设置，否则系统将因为开票时间已超过 180 天而将所有的发票都判断为由于时间已超期而不予认证发送或发送后“认证未通过”，如图 1-13 所示，设置的时间根据 180 天的规定进行具体确定。

财刀网税务实训平台 - 增值税发票网上认证系统
财刀网
Caidao8.com
财刀网税务实训平台
系统管理
个人所得税网上申报系
网上申报系统
企业所得税网上申报系
增值税发票网上认证系
参数设置
扫描设置
系统设置
金税密钥设置
增值税发票认证
运输发票认证
增值税防伪税开票系统
生产企业出口退税申报
外贸企业出口退税申报
增值税网上抄报税系统
设置金税密钥文件
密钥文件：
浏览...
确定
取消

图 1-10

财刀网税务实训平台 - 增值税发票网上认证系统
财刀网税务实训平台
设置金税密钥文件
密钥文件：
浏览...
确定
取消
选择金税密钥文件
查找范围(I)：
key
名称
修改日期
330110335000001.DAT
2011/8/1 14:20
key.dat
2011/7/21 8:43
最近访问的位置
桌面
库
计算机
网络
文件名(N)：
文件类型(T)：
金税密钥文件(*.dat)
打开(O)
取消

图 1-11

图 1-12

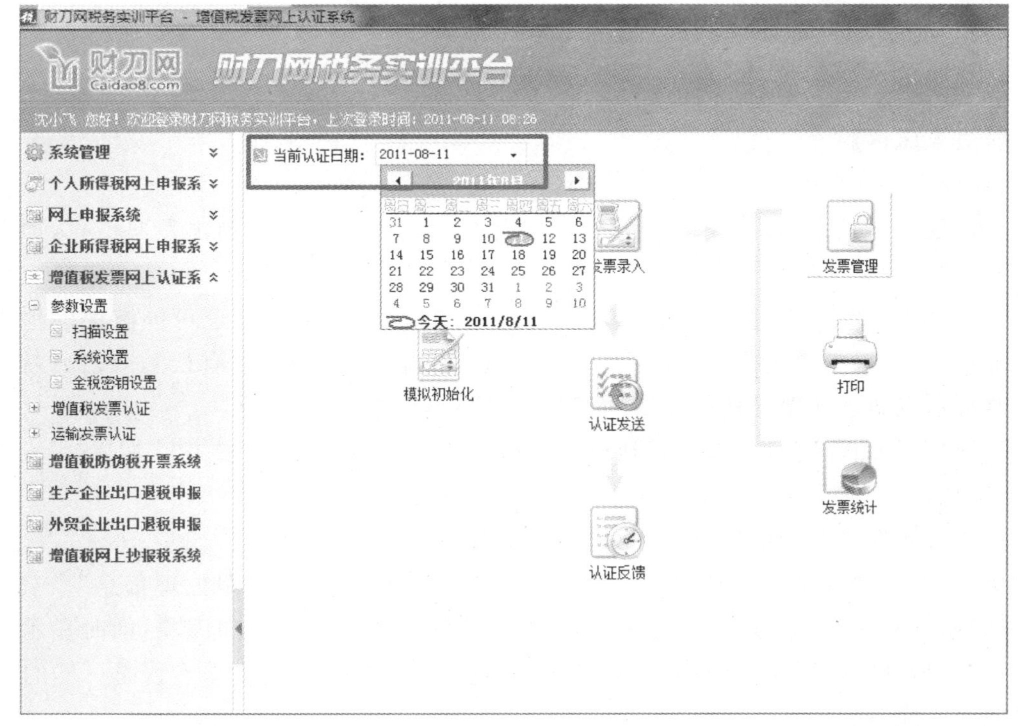

图 1-13

三、发票录入

发票录入有经典和快速两种风格，不同的录入风格，显示的界面也不同，发票录入风格在系统设置中选择。经典录入风格，可以选择扫描录入或手工录入；快速录入风格只有扫描录入。

本教程附有实训操作所用的增值税专用发票和运输发票，可将这些发票沿着裁剪线小心裁剪下来并妥善保管，不要折叠或涂写，最好保管在专业的文件袋中。

在实训平台中选择“首页”→“发票录入”→“增值税发票/运输发票”，如图 1-14 所示。

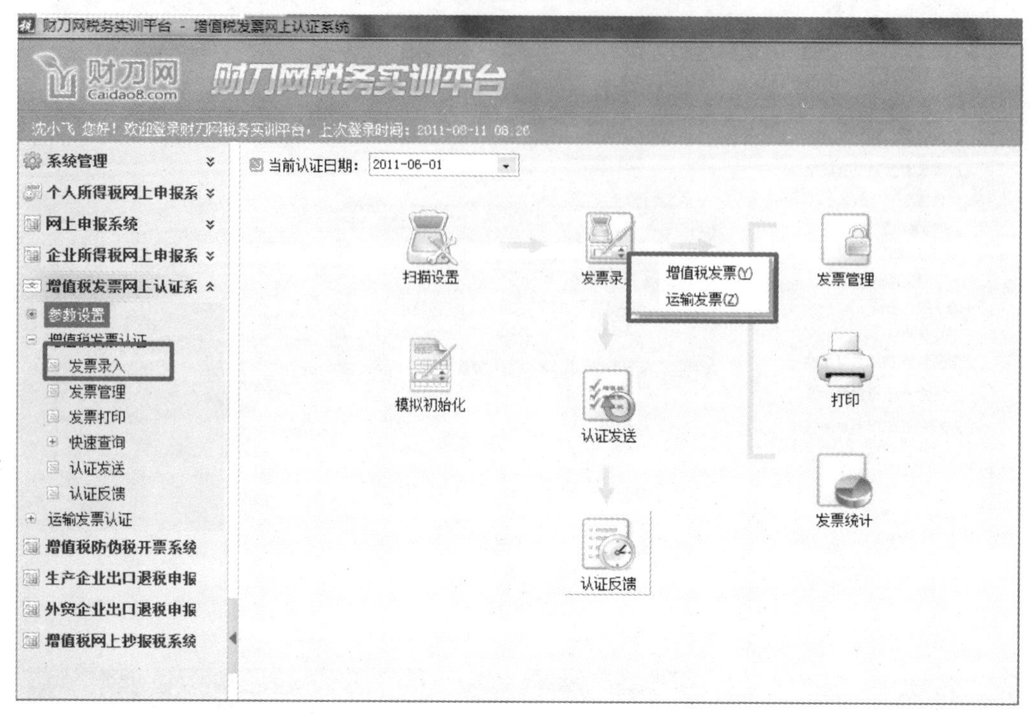

图 1-14

【经典录入风格】

1. 扫描录入

(1)扫描仪中放入发票，单击“扫描”，扫描后的发票自动保存，并列出发票信息，如图 1-15 所示。

(2)如果某张发票扫描过程中发现有误，将停止扫描，并将当前发票可能有误的地方列在“发票处理信息”。双击错误信息可以定位到错误点，如显示“开票日期有误”，双击后就定位到该项，同时显示发票上开票日期的原始图像，方便比对，如图 1-16 所示。

(3)选择“原始图像”标签，可以看到整张扫描发票的原始图像，如图 1-17 所示。

2. 手工录入

(1)逐项录入发票上的信息，确认无误后单击“保存”。

(2)保存时检查发票可能有误的地方，具体结果显示在右边的“发票处理信息”。双击错误信息可以定位到错误点，如显示“销货方纳税号有误”，双击后就定位到该项，同时显示发票上销货方纳税人识别号的原始图像，方便进行比对(这个与扫描录入时发票有误是一样的)。

【快速录入风格】

扫描录入

(1)扫描仪中放入发票，单击“扫描录入”，扫描后的发票自动保存，并列出发票信息，如图 1-18 所示。

(2)如果某张发票扫描过程中发现有误，将停止扫描，并提示发票可能有误的地方。如发票中多项数据有误，即显示“发票多项数据校验错误，具体信息请双击发票查看！”，双击发票，

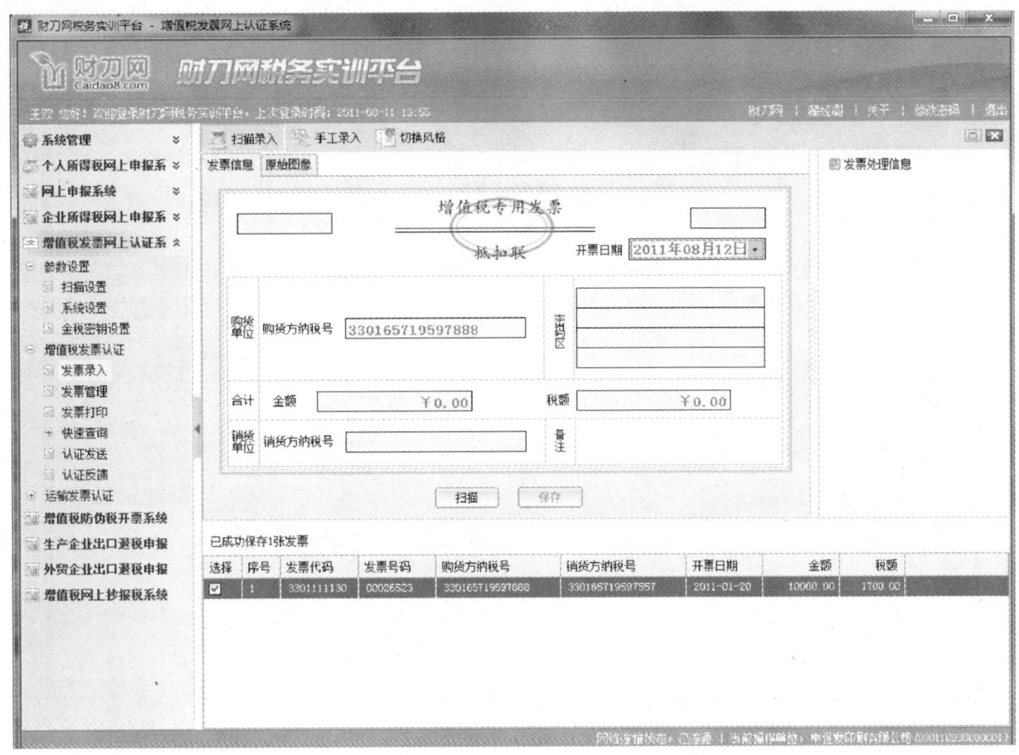

图 1-15

图 1-16

具体错误地方将突出显示。

(3)删除发票。选中一张或多张发票,单击“删除”,可删除所选发票。

(4)修改发票。选中发票,单击“修改”,上方显示发票原始图像,下方显示扫描识别后的发

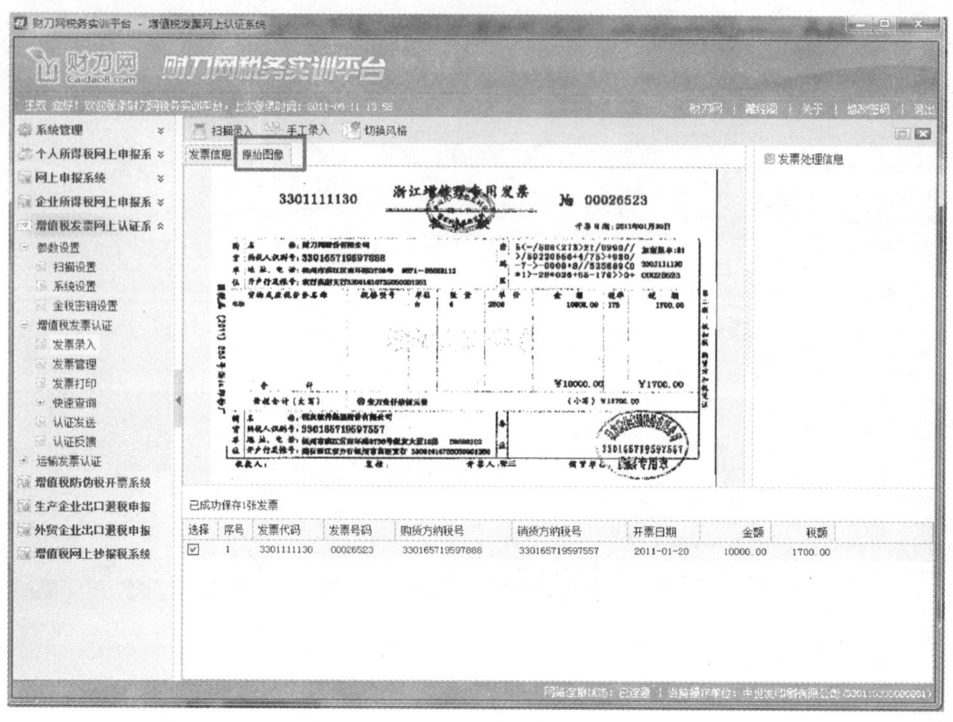

图 1-17

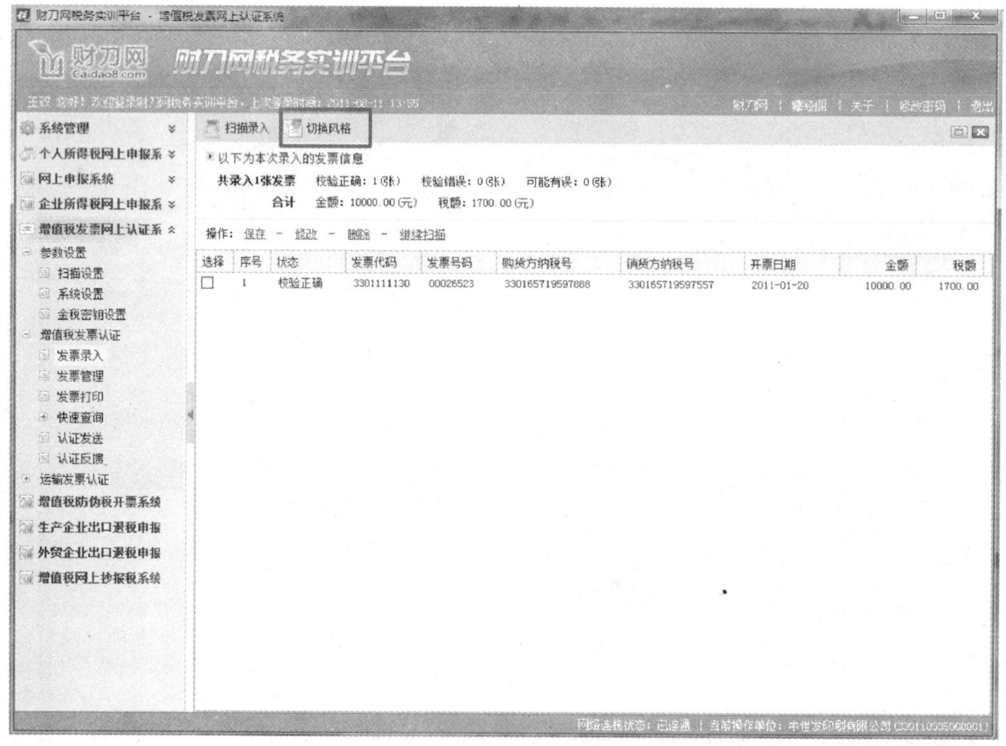

图 1-18

票数据。在下方选中发票号码，上方将同步显示发票号码的原始图像，如图 1-19 所示。发票中有误的项会在数据项旁以小图标突出显示。

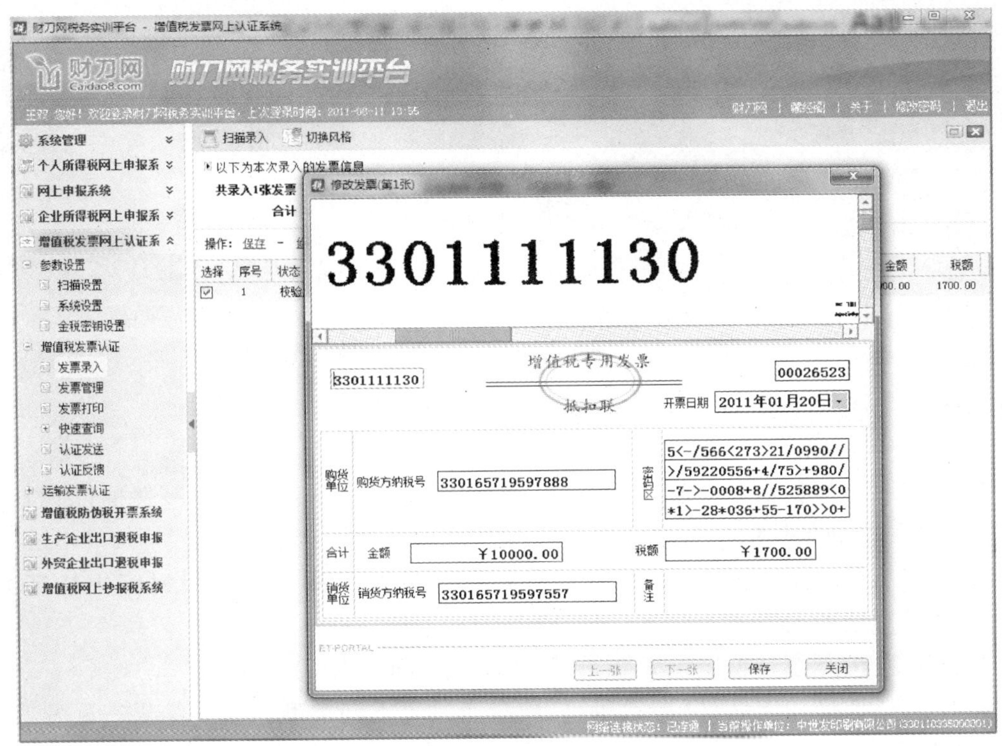

图 1-19

四、发票管理

发票管理包括以下功能:查询、修改、删除、导入。

1. 选择“增值税发票认证”→“发票管理”,显示发票统计信息及发票清单。发票的统计信息包括各种发票张数、发票总金额和总税额。发票统计信息中显示“未认证发票:2(张)”,单击数字“2”列出所有未认证发票,如图 1-20 所示。

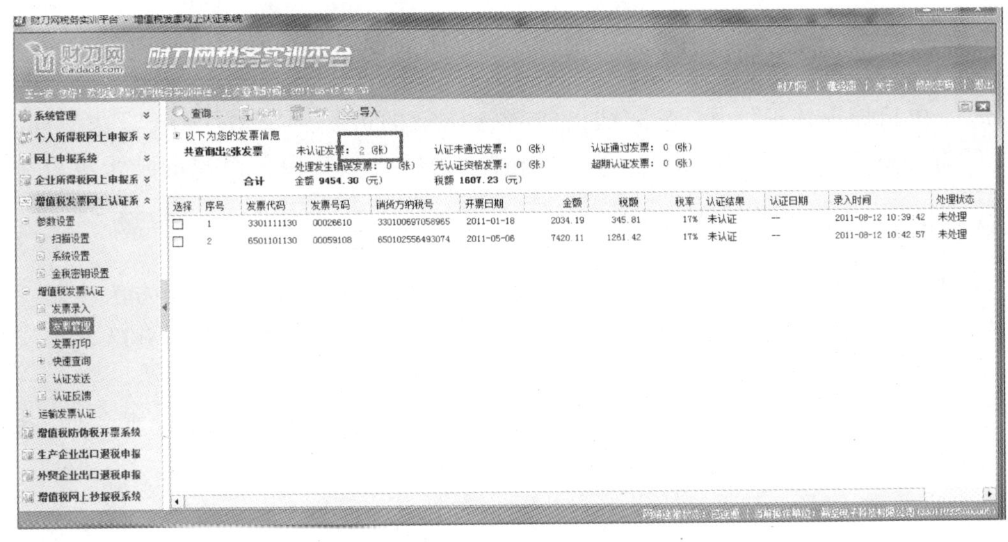

图 1-20

2. 查询:除发票代码、发票号码、销货方纳税号这三个基本条件之外,还包括多项高级查询条件。如图 1-21,通过单击“查询”打开高级查询条件,单击“查询”关闭查询条件。

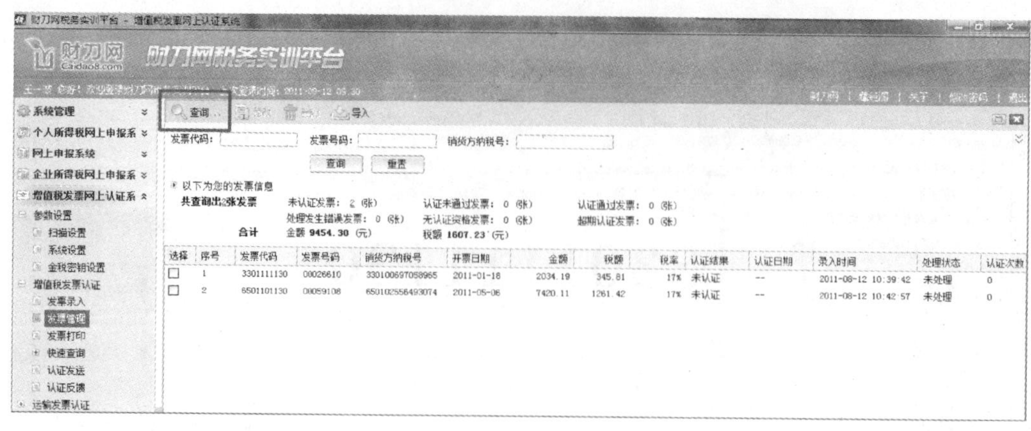

图 1-21

(1)认证日期：选择按认证日期查询发票，可以是具体某一天或是某一段时间内认证的发票。设置时，选中查询条件前的复选框。

(2)录入日期：按录入时间查询发票，可以是具体某一天或是某一段时间内认证的发票。设置方法同认证日期的设置。

(3)开票日期：按开票日期查询发票，设置方法同认证日期的设置。

(4)认证结果：选择按未认证、自动通过、校验通过等不同类型的认证结果查询发票。

(5)发票税额：查询税额在某个范围之内的发票，如设置 300 到 1000。

(6)发票金额：查询发票金额在某个范围之内的发票。

(7)税率：选择某一个税率，对同一税率的发票进行查询。

3. 修改：在发票管理列表中选中要修改的发票，单击“修改”。修改录入不正确的发票数据，单击“保存”。以下两种情况的发票可以修改，其余状态的发票不允许修改。

(1)发票刚刚录入，还没有发送。

(2)认证结果未通过的发票。

4. 删除：在发票管理列表中选中要删除的发票，单击“删除”。以下两种情况的发票可被删除。

(1)发票刚刚录入，还没有发送。

(2)认证未通过的发票。

5. 导入：包括导入认证结果、查询结果或者待认证的数据。单击“导入”，选择导入文件。导入的文件有“. xml”、“. zip”、“. dat”三种文件格式，须符合国家税务总局的技术规范。

五、认证发送

通过网络，将已录入或扫描的发票有选择地发送到主管税务机关，进行防伪认证。

1. 选择“增值税发票认证/运输发票认证”→“认证发送”。默认列出所有已录入或扫描但尚未认证的发票，如图 1-22 所示。

2. 设置筛选条件，以确定发送哪些发票进行认证。单击“筛选条件”，设置条件，确认后单击“过滤”，如图 1-23 和图 1-24 所示。

(1)需要重新发送认证未通过的发票，勾选“包含认证未通过的”复选框。

(2)需要重新发送以前已发送过，但到目前为止还无反馈的所有发票，勾选“包含全部已发送还无反馈的”复选框。

(3)需要重新发送本月已发送过，但还无反馈的发票，勾选“包含本月已发送还无反馈的”复选框。

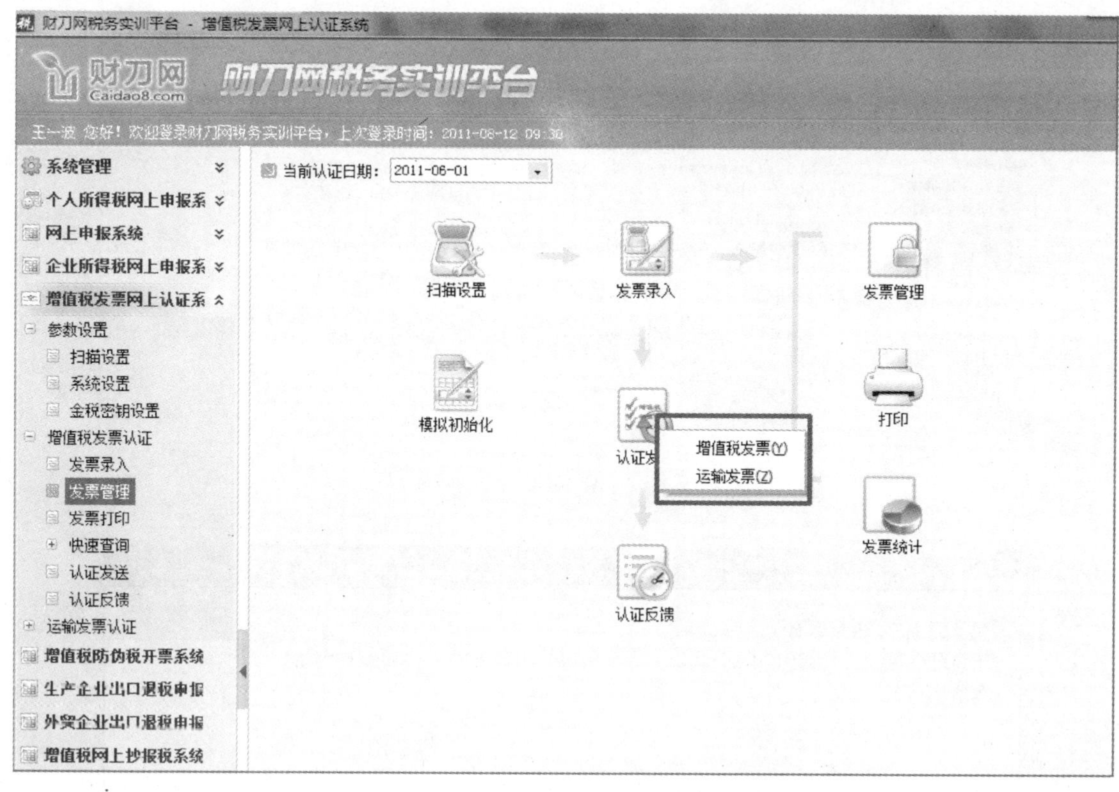

图 1-22

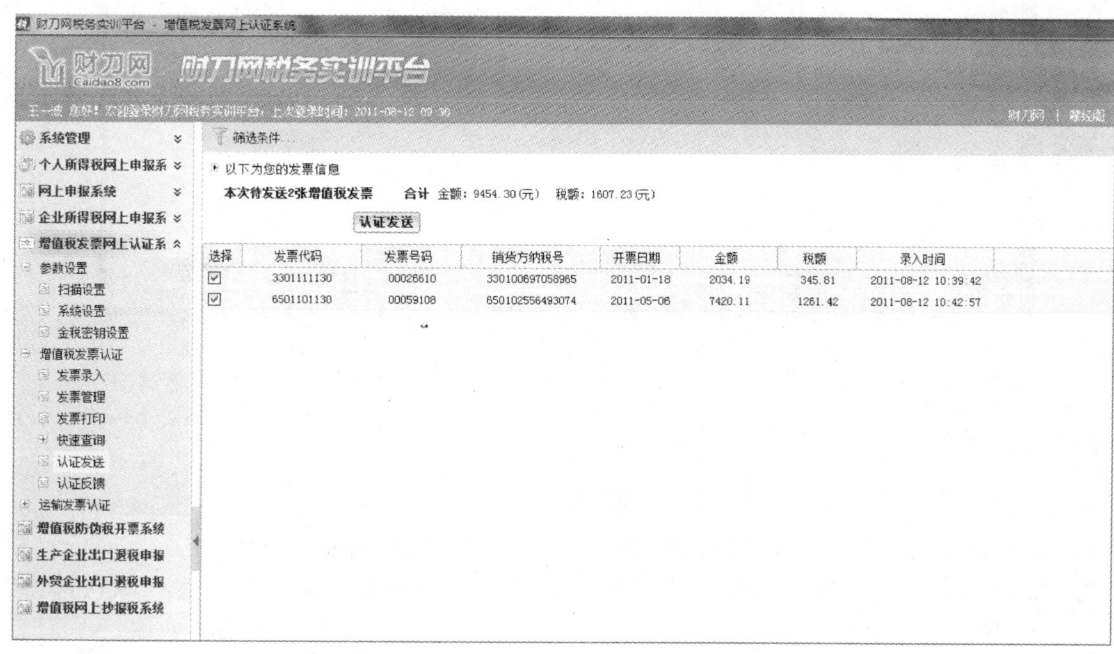

图 1-23

(4)需要重新发送已导出保存成文件的发票,勾选“包含已经导出的”复选框。

(5)需要重新发送错误的发票,勾选“包含处理发生错误的”复选框。

3. 列出符合筛选条件的发票,单击“认证发送”,按钮上方显示本次发送的发票张数及发票总金额和总税额,结果如图 1-25 所示。

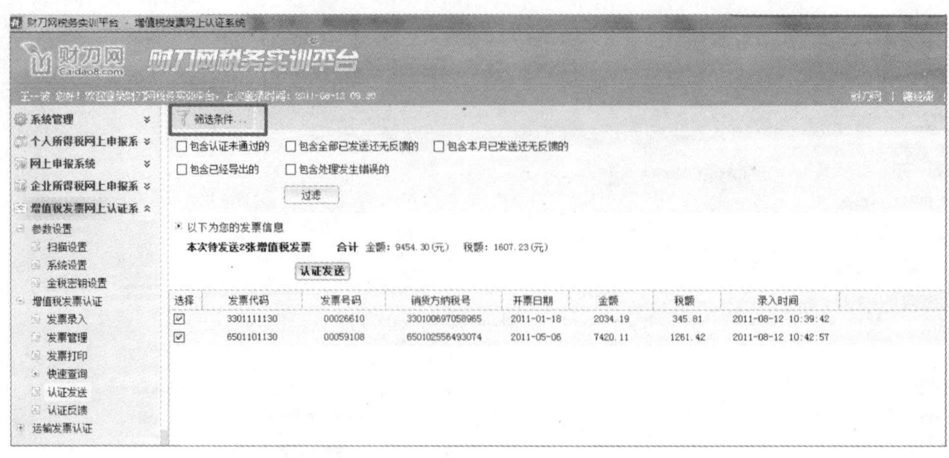

图 1-24

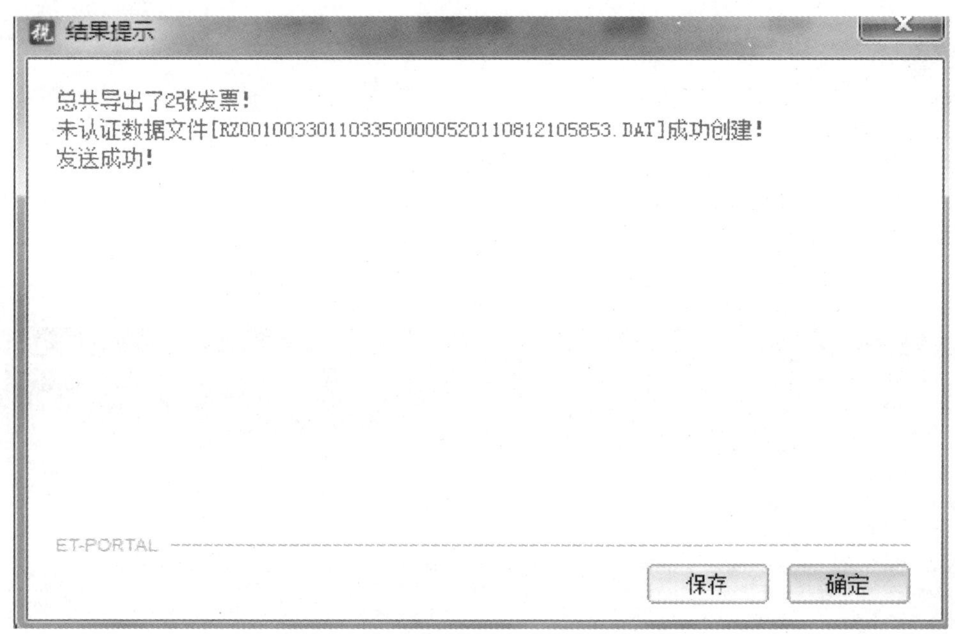

图 1-25

六、认证反馈

通过网络,从主管税务机关获取认证的结果。

1. 选择"认证反馈"→"增值税发票/运输发票",如图 1-26 所示。

2. 设置反馈条件:可设置成获取最新的,或设置成按时间段获取反馈信息。默认选中"获取最新的反馈信息",如图 1-27 所示。

3. 单击"反馈查询",根据设置的反馈条件显示获取的认证反馈信息,如图 1-28 所示。

七、认证结果打印

打印某一个月或某段时期的认证结果和认证结果通知书。要修改为与之前"当期认证时间"一致的月份。

1. 选择"发票打印"→"增值税发票/运输发票",进入发票打印页面,如图 1-29 所示。

图 1-26

图 1-27

2. 选择打印内容：有认证结果和认证结果通知书两类。
3. 设置所属时间：可设置成某月或设置某段时期的起止时间。
4. 单击“打印预览”，只是预览打印内容。单击“打印”，才开始正式打印。

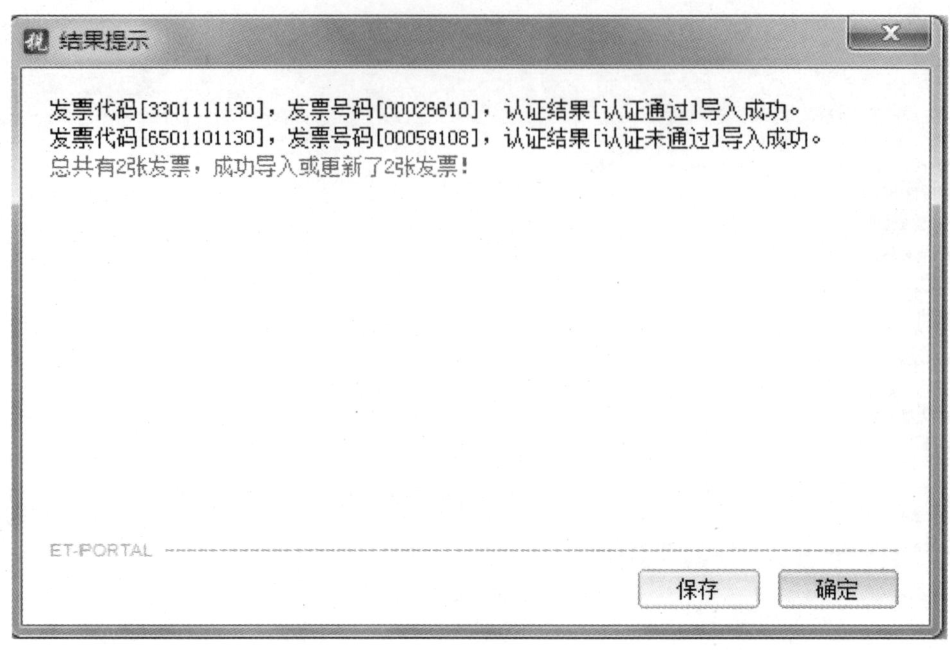

图 1-28

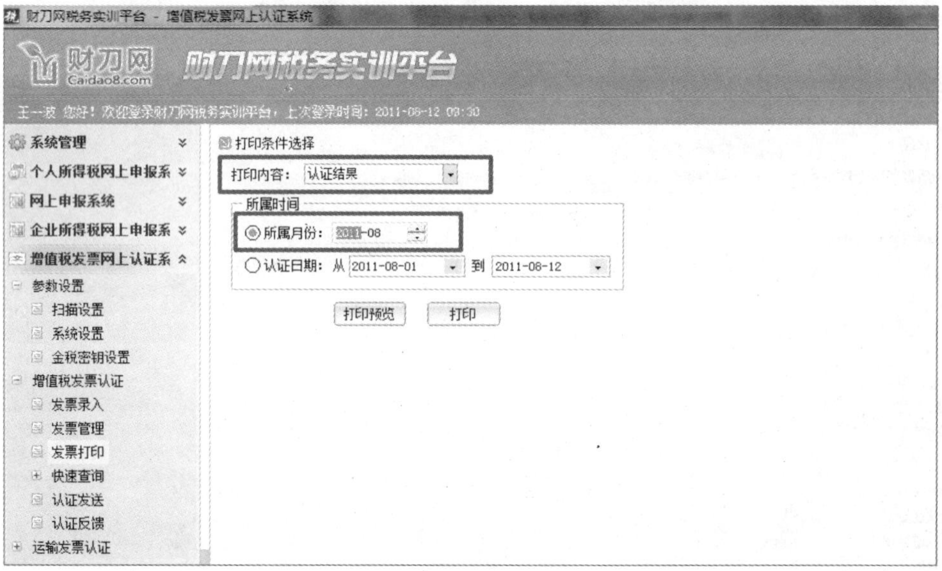

图 1-29

例 1：打印内容选择“认证结果通知书”，所属时间默认显示本月（假设为 2011—06），单击“打印预览”后再单击“打印”，正式打印出预览时所见的书面通知书，如图 1-30 所示。

例 2：打印内容选择“认证结果”，所属时间默认显示本月（假设为 2011—06），单击“打印预览”后再单击“打印”，正式打印出预览时所见的书面通知书，如图 1-31 所示。

设置具体税务局名称，如图 1-32 所示。

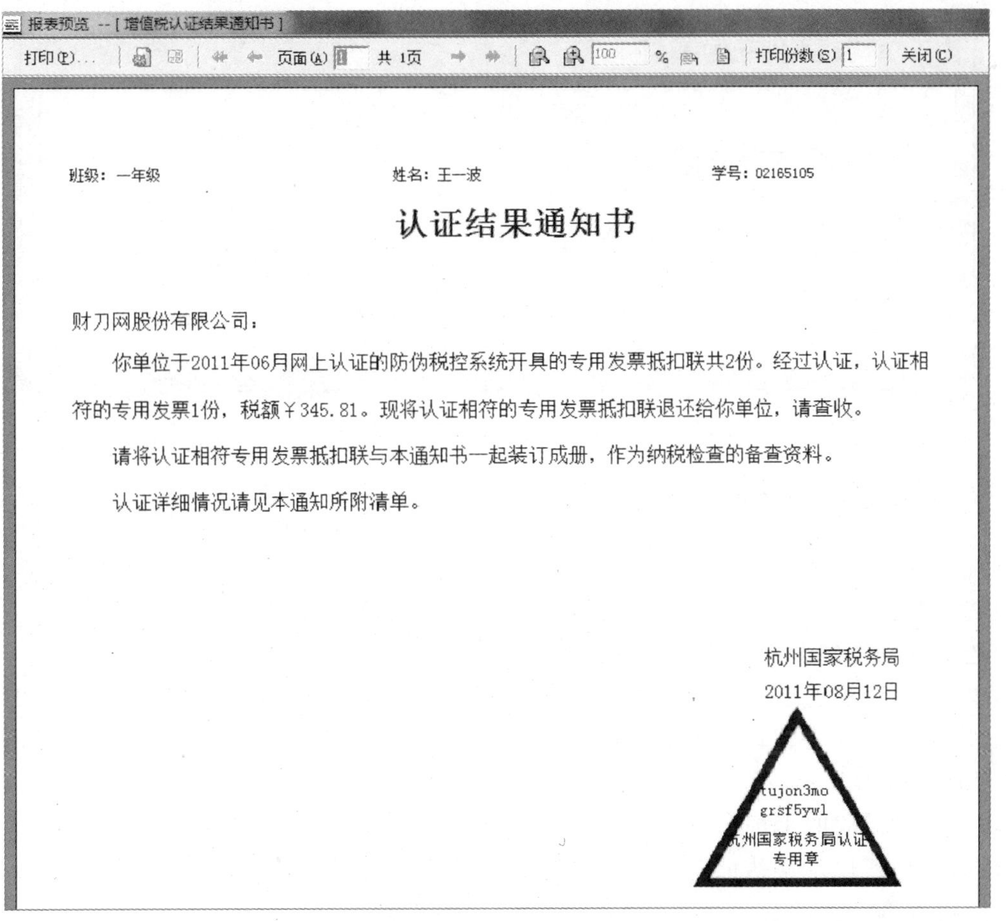
报表预览 --［增值税认证结果通知书］

打印(P)... 页面(A) 1 共 1页 100 % 打印份数(S) 1 关闭(C)

班级：一年级　　姓名：王一波　　学号：02165105

认证结果通知书

财刀网股份有限公司：

你单位于2011年06月网上认证的防伪税控系统开具的专用发票抵扣联共2份。经过认证，认证相符的专用发票1份，税额￥345.81。现将认证相符的专用发票抵扣联退还给你单位，请查收。

请将认证相符专用发票抵扣联与本通知书一起装订成册，作为纳税检查的备查资料。

认证详细情况请见本通知所附清单。

杭州国家税务局

2011年08月12日

图 1-30

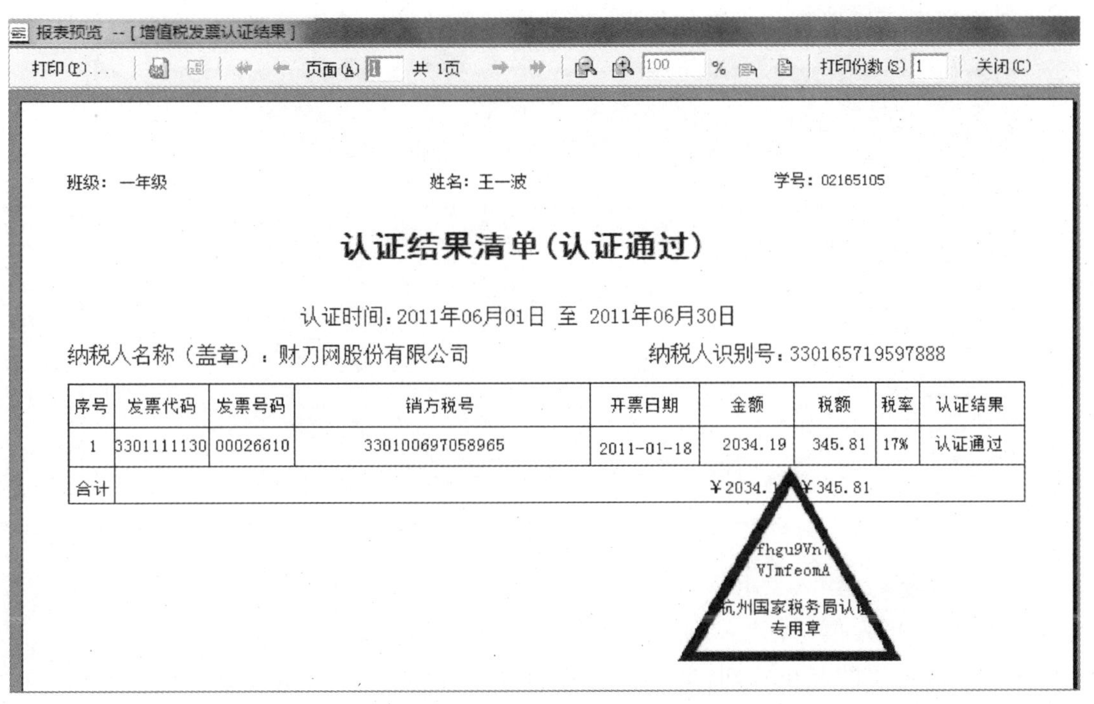
报表预览 --［增值税发票认证结果］

打印(P)... 页面(A) 1 共 1页 100 % 打印份数(S) 1 关闭(C)

班级：一年级　　姓名：王一波　　学号：02165105

认证结果清单(认证通过)

认证时间：2011年06月01日 至 2011年06月30日

纳税人名称（盖章）：财刀网股份有限公司　　纳税人识别号：330165719597888

序号	发票代码	发票号码	销方税号	开票日期	金额	税额	税率	认证结果
1	3301111130	00026610	330100697058965	2011-01-18	2034.19	345.81	17%	认证通过
合计					￥2034.19	￥345.81		

图 1-31

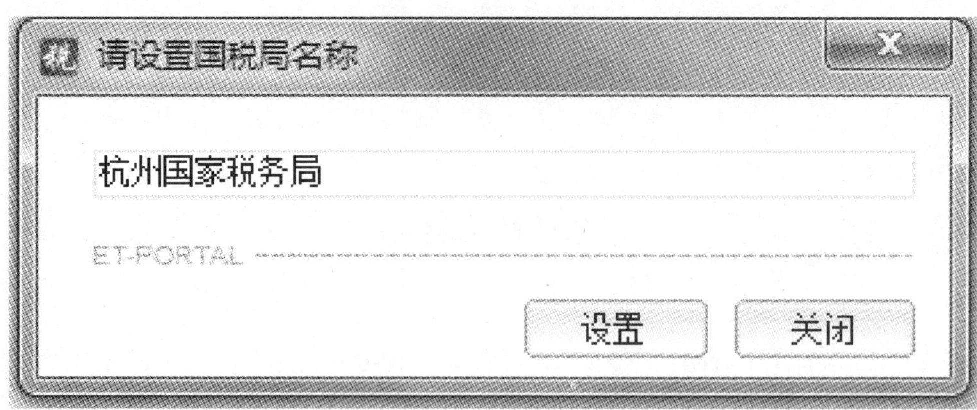

图 1-32

八、发票统计/快速查询

1. 未认证发票

(1)选择“增值税发票认证”→“快速查询”→“未认证发票”。

(2)选择查询发票的起止日期,单击“查询”。

(3)单击“打印预览”,预览打印内容。单击“打印”,正式打印查询的发票清单。打印预览和正式打印前都需要设置打印报表的标题,不录入标题的情况下默认显示“查询结果清单”。

2. 已认证发票

本功能查询某段时期内已认证的发票,并打印认证结果查询清单。

(1)选择“增值税发票认证”→“快速查询”→“已认证发票”。

(2)选择查询发票的起止日期,单击“查询”,如图 1-33 所示。

(3)单击“打印预览”,预览打印内容。单击“打印”,正式打印查询的发票清单。打印预览和正式打印前都需要设置打印报表的标题,不录入标题的情况下默认显示“查询结果清单”。

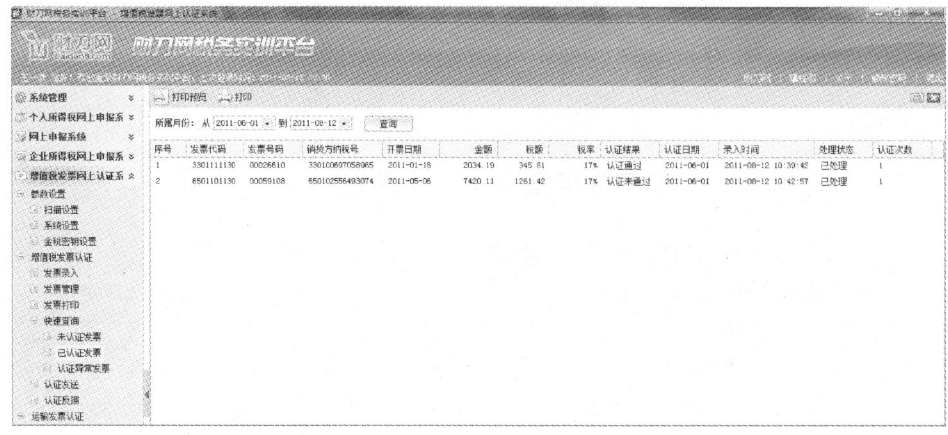

图 1-33

3. 认证异常发票

(1)选择“增值税发票认证”→“快速查询”→“认证异常发票”。

(2)选择查询发票的起止日期,单击“查询”,则显示该期间所有认证异常的发票。

(3)上方显示认证文件,这些文件中都包含认证异常发票。选中某文件,下方列出该文件中认证异常发票的清单。

九、模拟初始化

本功能主要为了教学使用，当完成一个班级的实践操作后，单击“模拟初始化”清除之前所有录入的发票信息，如图 1-34 和图 1-35 所示。

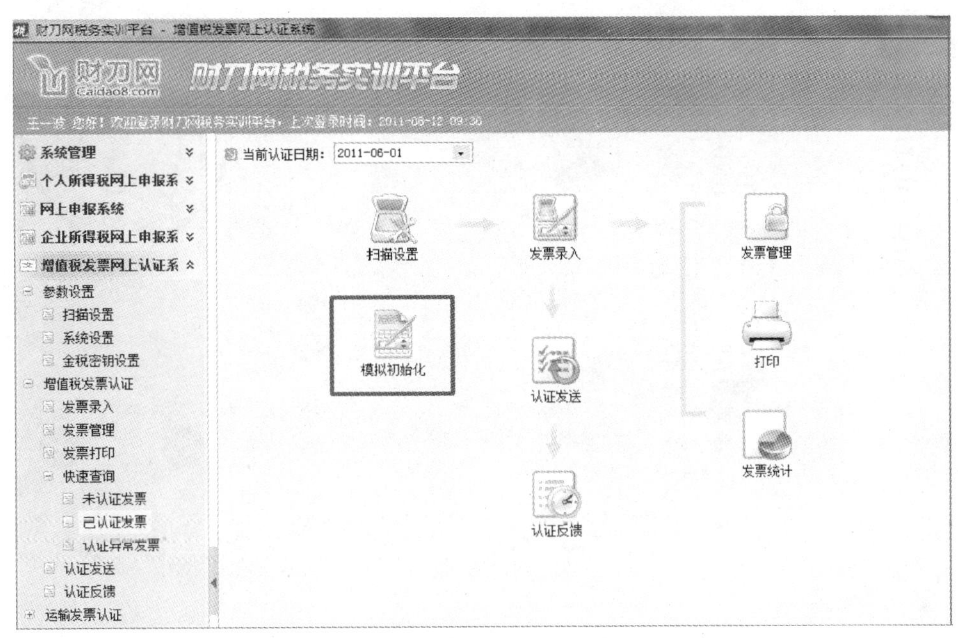

图 1-34

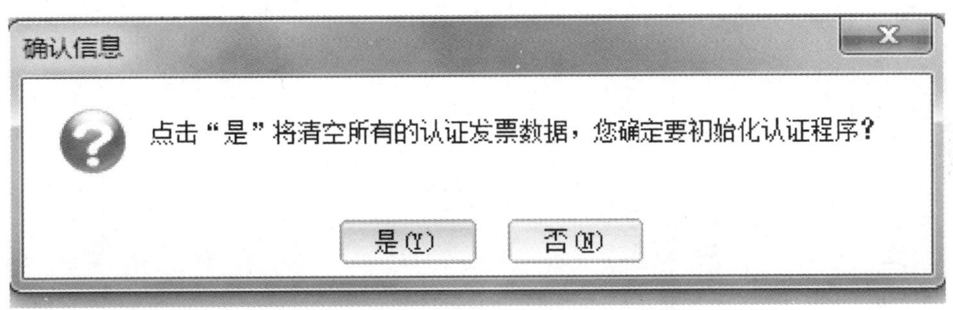

图 1-35

第四节 发票录入逻辑校对原理

一、发票内容介绍

1. 增值税专用发票内容介绍(如图 1-36 所示)

① 发票代码：增值税专用发票 10 位代码，规则是第 1～4 位代表各地市(以上代码参见附录 2)，第 5 位和第 6 位代表制版年度，第 7 位代表批次(分别用 1,2,3,4,…表示)，第 8 位代表版本的语言文字(分别用 1、2、3、4 代表中文、中英文、藏汉文、维汉文)。第 9 位代表几联发票

（分别用 4、7 表示四联、七联），第 10 位代表发票的金额版本号（分别用 1、2、3、4 表示万元版、十万元版、百万元版、千万元版，用“0”表示电脑发票）。

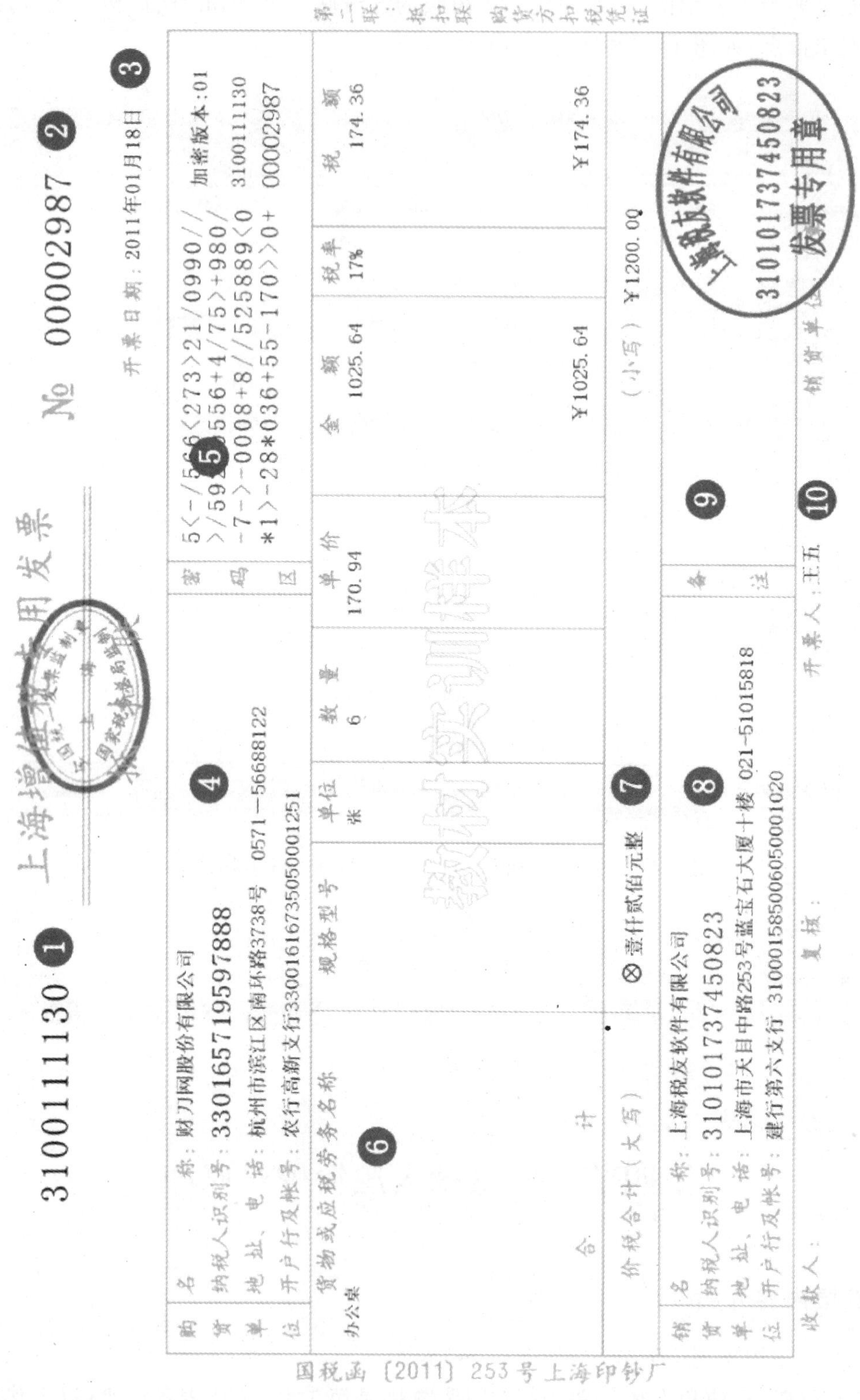

3100111130 ①　上海增值税专用发票　№ 00002987 ②

开票日期：2011年01月18日 ③

购货单位	名称：财刀网股份有限公司 纳税人识别号：330165719597888 地址、电话：杭州市滨江区南环路3738号 0571－56668122 开户行及帐号：农行高新支行33001616735050001251 ④	密码区	5<-/5?6<273>21/0990//　加密版本:01 >/592556+4/75>+980/　3100111130 -7->-0008+8/525889<0　00002987 *1>-28*036+55-170>0+ ⑤

货物或应税劳务名称 ⑥	规格型号	单位	数量	单价	金额	税率	税额
办公桌		张	6	170.94	1025.64	17%	174.36
合计					¥1025.64		¥174.36
价税合计（大写）	⊗壹仟贰佰元整 ⑦				（小写）¥1200.00		

销货单位	名称：上海税友软件有限公司 纳税人识别号：310101737450823 地址、电话：上海市天目中路253号蓝宝石大厦十楼 021-51015818 开户行及帐号：建行第六支行 31001585006050001020 ⑧	备注	⑨

收款人：　复核：　开票人：王五　销货单位（章）⑩

上海税友软件有限公司 310101737450823 发票专用章

第二联：抵扣联 购货方扣税凭证

教材实训样本

国税函〔2011〕253号上海印钞厂

图 1-36

② 发票号码：发票号码为 8 位，主管税务机关以给每个企业分配一段号码的方式进行编

制的。

③ 开票日期：开具发票的当日。

④ 购货单位：在主管税务机关注册的企业名称，纳税人识别号，地址、电话，开户行及账号。

⑤ 密码区（税控码）：增值税专用发票的税控码是 84 位，是一串包含了专用发票购货方纳税人识别号、销货单位纳税人识别号、金额（不含税）、税额、发票代码、发票号码、开票日期七项内容的密文。税务机关通过这串密文与发票上的明文进行比对。

⑥ 名称、规格、型号、单位、数量、单价、金额、税率、税额：这里计入销货单位销售的货物或应税劳务的品名、规格、型号、单位、数量、单价（不含税）、金额（不含税单价）、税率、税额。

逻辑关系：金额（不含税）＝含税金额/1.17（设税率为 17%）

a）税额＝含税金额/1.17×0.17

b）单价＝含税金额/1.17 /数量

⑦ 价税合计：包括大、小写。

⑧ 销货单位：在主管税务机关注册的企业名称，纳税人识别号，地址、电话，开户行及账号。

⑨ 备注：特殊事项的注明。

⑩ 收款人、复核、开票人、销货单位（章）：销货单位（章）使用在主管税务机关登记的发票专用章。

2. 公路、内河货物运输业统一发票内容介绍（如图 1-37 所示）

① 发票代码：普通发票分类代码（以下简称分类代码）为 12 位阿拉伯数字。从左至右排列：第 1 位为国家税务局、地方税务局代码，1 代表国家税务局，2 代表地方税务局，0 代表总局。第 2、3、4、5 位为地区代码（地、市级），以全国行政区域统一代码为准，总局为 0000。第 6、7 位为年份代码（如 2004 年以 04 表示）。第 8 位为统一的行业代码，其中，国税行业划分：1 工业、2 商业、3 加工修理修配业、4 收购业、5 水电业、6 其他；地税行业划分：1 交通运输业、2 建筑业、3 金融保险业、4 邮电通信业、5 文化体育业、6 娱乐业、7 服务业、8 转让无形资产、9 销售不动产、0 表示其他。第 9、10、11、12 位为细化的发票种类代码，按照保证每份发票编码唯一的原则，由省、自治区、直辖市和计划单列市国家税务局、地方税务局自行编制。

② 发票号码：8 位阿拉伯数字。如发票号码资源不够用，在设计时应考虑与分类代码结合，即在分类代码的第 9、10、11、12 位中设置 1 位为批次代码。企业冠名发票，可在第 9、10、11、12 位分类代码中设置 1 位单独表示，或者直接在发票号码中以给每个企业分配一段号码的方式进行编制。

③ 开票日期：开具发票的当日。

④ 机打代码、机打号码、机器编号：机打代码和机打号码与发票上印制的发票代码和发票号码是一致的。机器编号为税控器具编码。

⑤ 税控码：《公路、内河货物运输业统一发票》的税控码为 144 位，票面打印 4 行，每行 36 位符号；《公路、内河货物运输业统一发票（代开）》的税控码为 180 位，票面打印为 5 行，每行 36 位符号。

税控码包含的信息为发票代码、发票号码、开票日期、承运人纳税人识别号、主管税务机关代码、收货人纳税人识别号或发货人纳税人识别号（即有“＋”号标记的一方代码）、代开单位代码（或代开税务机关代码）、运费小计、扣缴税额。其中，自开发票 7 个参数（不包括上述代开单位代码或代开税务机关代码、扣缴税额等两个参数），代开发票 9 个参数。

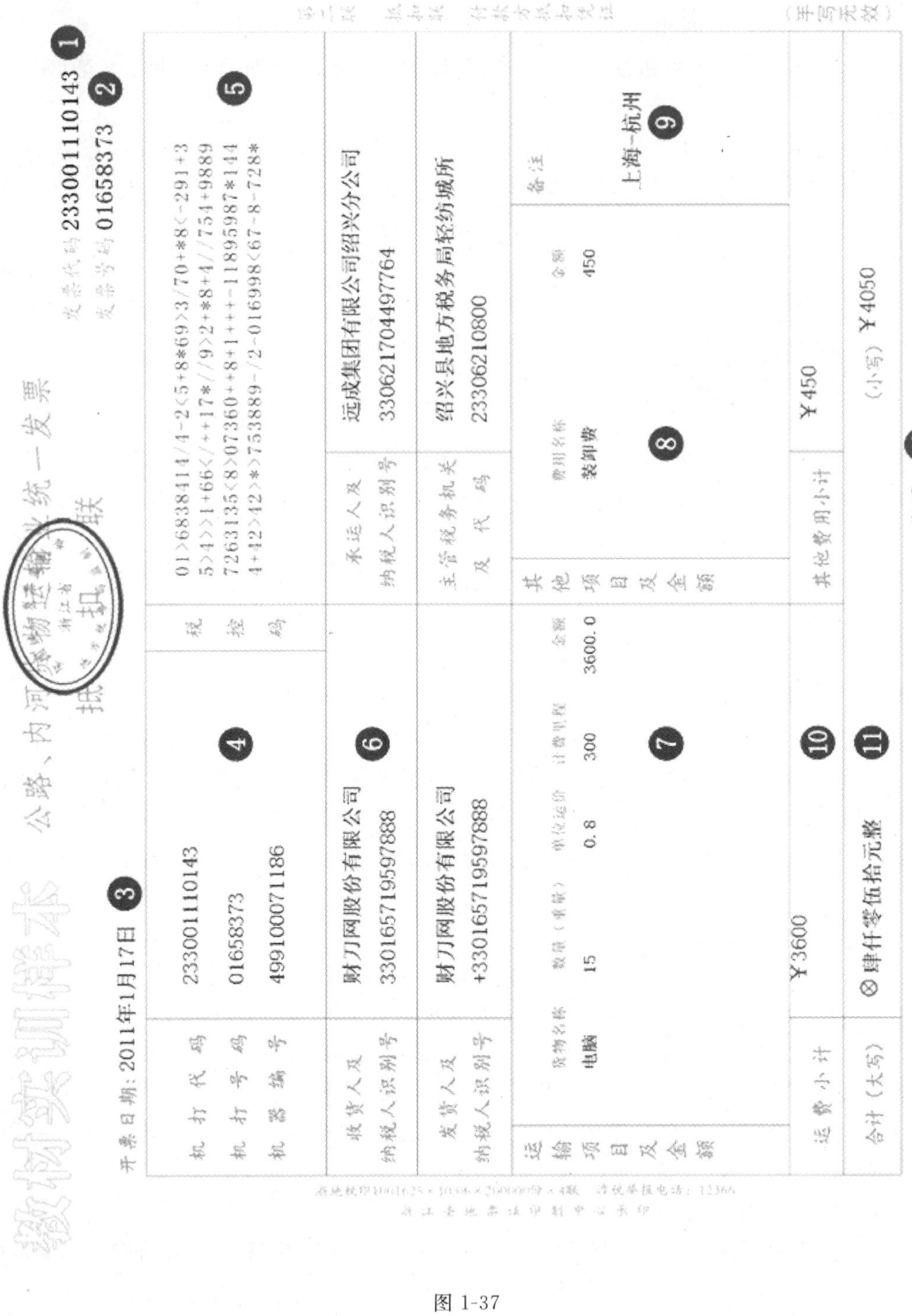

公路、内河货物运输业统一发票

抵扣联

发票代码 233001110143 ❶

发票号码 01658373 ❷

开票日期：2011年1月17日 ❸

第三联 抵扣联 付款方抵扣凭证

机打代码	233001110143 ❹	税控码	01>6838114/4-2<5+8*69>3/70+**8<-291+3 5>4>>1+66</++17*//9>2+**8+4//754+9889 7263135<8>07360++8+1+++-11895987*144 4+42>42>*>753889-/2-016998<67-8-728* ❺
机打号码	01658373		
机器编号	499100071186		
收货人及纳税人识别号	财刀网股份有限公司 330165719597888 ❻	承运人及纳税人识别号	远成集团有限公司绍兴分公司 330621704497764
发货人及纳税人识别号	财刀网股份有限公司 +330165719597888	主管税务机关及代码	绍兴县地方税务局轻纺城所 23306210800
运输项目及金额	货物名称 电脑；数量(重量) 15；单位运价 0.8；计费里程 300；金额 3600.0 ❼	其他项目及金额	费用名称 装卸费；金额 450 ❽
		备注	上海-杭州 ❾
运费小计	￥3600 ❿	其他费用小计	￥450
合计(大写)	⊗肆仟零伍拾元整 ⓫	(小写)	￥4050

承运人盖章　　开票人：张明 ⓬

(手写无效)

图 1-37

⑥ 收货人及纳税人识别号、发货人及纳税人识别号、承运人及纳税人识别号，主管税务机关及代码：在主管税务机关注册的信息，这里的主管税务机关税号是承运人的主管税务机关信息。

⑦ 运输项目及金额：货物名称、数量(重量)、单位运价、计费里程及金额等。

⑧ 其他项目及金额：装卸费(搬运费)、仓储费、保险费及其他项目和费用。

⑨ 备注：填写起运地、到达地和车(船)号等内容。

⑩ 运费小计和其他费用小计：分别合计运输货物项目栏金额合计数和其他费用项目栏的合计数。

运费小计＝运费项目各项费用相加之和；其他费用小计＝其他项目各项费用相加之和；扣缴税额＝合计×税率。税率按法律法规规定的税率填开。

⑪ 合计(大、小写)：合计＝运费小计＋其他费用小计。

⑫ 承运人盖章和开票人：开具货运发票时应在发票联左下角加盖财务印章或发票专用章或代开发票专用章；抵扣联一律不加盖印章。

二、发票录入校对标准

发票“扫描录入”和“手工录入”系统有自动校对的功能，就是校对发票录入内容跟国家规定的是否一致，不一致的不予保存和认证。

1. 发票代码 10 位，发票号码 8 位，购销货方识别号各 15 位。税控码区：增值税专用票 84 位，4 行，每行各 21 位；运输业统一发票 144 位，4 行，每行各 36 位。

2. 发票代码和销方识别号的前面两位必须相同。

3. 开票日期距认证日期不能大于 180 天。

4. 公路、内河货物运输业统一发票必须采用税控收款机系列产品开具，手写无效。

5. 运输统一发票上税控码、机打代码、机打号码、机器编号、运费小计、其他费用小计、合计(大写、小写)均由税控收款机自动生成。机打代码、机打号码与印刷的发票代码、发票号码相一致。

6. 专用发票扫描时扫描的要素是：发票代码，发票号码，开票日期，购货方税号，销货方税号，金额(不含税)，税额，税控码 8 要素。

7. 运输发票扫描要素是：发票代码，发票号码，开票日期，机器编号，承运人识别号，受票人识别号，运费小计，主管税务机关代码和税控码共 9 个要素。

8. 发票的金额和税额：选择本项时，系统对发票中的“金额”和“税额”栏进行逻辑校验，增值税专用发票中“税额”＝“金额”×税率。

三、发票扫描未通过的情况

只要发票扫描不符合前面校对标准，都不可以保存认证。在实际工作中，常见的情况如下。

1. 认证日期距开票日期已经超过 180 天

一般纳税人收到 2010 年 1 月 1 日以后开具的增值税发票，应在开具之日起 180 日内到税务机关办理认证。并在认证通过的次月申报期内，向主管税务机关申报抵扣进项税额。

系统对发票中的“开票日期”项逻辑校验出错时，会进行疑问提示：防伪进项发票已超过 180 天，请检查。说明这张发票的开票时间已经超过期限，不可以再认证。

2. 重复认证

当发票号码已经存在时，再重复扫描，系统会提示：把数据写入数据库时发生异常，可能发票已经存在。这时应到“发票管理”中查询该发票是否已经存在。已存在的发票不可以扫描保存两次。

3. 发票代码、销货方纳税识别号不符

发票代码和销方识别号的前面两位应该绝对相同。如果扫描时出现前两位号码不相符的，系统将会提示：发票代码和销方识别号前两位不符，此时该判断是扫描错误还是发票本身错误。若是发票扫描错误,可以重新扫描或手工调整。若是发票本身错误,此发票为错误发票,不可以抵扣。

4.密文错误

每一张发票的密文区是不一样的,包含了发票内7要素的信息。税控码区:(增值税专用发票)84位,4行,每行各21位;(运输业统一发票)144位,4行,每行各36位。税控码少或者模糊都不能被识别。

5.盖章不合理

在扫描中会出现,销货方开具发票盖的发票专用章不合理,覆盖了系统要扫描的要素,如盖在销货方纳税识别号上或盖在金额(不含税)上等,导致扫描机不能正常读取发票内容。这种情况下,可以根据发票内容进行手工调整。

第二章　实训模拟

第一节　模拟企业经营范围介绍

龙山集团是集农产品、食品、纺织、造纸、服装制品、石油加工及炼焦、金属冶炼、机械制造和电子通讯设备制造等领域多元化经营的制造业、软件开发及服务供应商。集团旗下有100多家分公司和子公司，包括：财刀网股份有限公司；龙山酒业有限公司；龙山服饰有限公司；龙山化工有限公司；龙山机械制造股份公司；龙山通讯设备股份公司等。

龙山集团（HK8000）2008年8月已在香港上市，一直致力于利用可再生的自然资源提供营养健康食品、高品质的生活空间及生活服务，拥有诸多品牌的产品与服务组合，利用国内外资本市场展开一系列的产业整合和重组并购，引入国际领先技术和评价机制，有完善的资源配置体系、管理框架和运行机制。

龙山集团旗下财刀网股份有限公司是一家从事纺织生产、批发、出口、销售和配套服务的生产型企业。企业注册资金为5000万元。年销售额为150000万元，在全国15个省市设有分公司和销售机构。

财刀网股份有限公司是增值税一般纳税人，其基本信息如下：

名　　称	财刀网股份有限公司
纳税人识别号	330165719597888
地址、电话	杭州市滨江区南环路3738号 0571－56688106
开户行及账号	农行高新支行 33001616735050001251

第二节　模拟企业业务说明和操作说明

一、模拟企业业务说明

（1）2011年2月6日，公司财务部税务专员小王收到分别从广东、上海、深圳、新疆等地寄来的增值税专用发票25张，明细如下（发票见附录7）：

序号	销货方	开票时间	金额	税额	发票号码	附图
1	河北税友软件有限公司	2011/1/15	1025.64	174.36	00296401	7-1
2	河北税友软件有限公司	2011/1/16	1153.85	196.15	00296402	7-2
3	深圳税友软件有限公司	2011/1/17	769.23	130.77	00069056	7-3
4	深圳税友软件有限公司	2011/1/18	4649.57	790.43	00069057	7-4
5	新疆税友软件有限公司	2010/5/6	7420.11	1261.42	00059108	7-5
6	新疆税友软件有限公司	2011/1/20	3615.39	614.61	00008913	7-6
7	税友软件集团股份有限公司	2011/1/20	10000	1700	00026523	7-7
8	税友软件集团股份有限公司	2011/1/20	10000	1700	00026524	7-8
9	税友软件集团股份有限公司	2011/1/20	10000	1700	00026525	7-9
10	税友软件集团股份有限公司	2011/1/23	8461.54	1438.46	00026526	7-10
11	广东税友软件股份有限公司	2011/1/17	1025.64	174.36	06068413	7-11
12	广东税友软件股份有限公司	2011/1/17	1008.55	171.45	06068414	7-12
13	广东税友软件股份有限公司	2011/1/17	1008.55	171.45	06068415	7-13
14	浙江衡信教育科技有限公司	2011/1/18	2034.19	345.81	00026610	7-14
15	浙江衡信教育科技有限公司	2011/1/18	9230.77	1569.23	00026611	7-15
16	浙江衡信教育科技有限公司	2011/1/18	15384.61	2615.39	00026614	7-16
17	上海税友软件有限公司	2011/1/18	1025.64	174.36	00002987	7-17
18	上海税友软件有限公司	2011/1/11	1709.4	290.6	00002988	7-18
19	上海税友软件有限公司	2011/1/11	1555.55	264.45	00002989	7-19
20	上海税友软件有限公司	2011/1/11	1410.26	239.74	00002990	7-20
21	河北税友软件有限公司	2011/1/16	1068.38	181.62	00296403	7-21
22	深圳税友软件有限公司	2011/1/18	512.82	87.18	00069058	7-22
23	新疆税友软件有限公司	2010/1/6	5623.93	956.07	00059109	7-23
24	广东税友软件股份有限公司	2011/1/17	2051.28	348.72	06068416	7-24
25	浙江衡信教育科技有限公司	2011/1/18	2564.1	435.9	00026612	7-25

(2)财刀网股份公司所有运输业务外包给了一家运输公司，即远成集团有限公司，后者就1月份发生的运输业务也寄来了6张公路、内河货物运输业统一发票。

具体内容明细如下(发票见附录7)：

公路、内河货物运输业统一发票						
序号	承运人	开票时间	金额	税额	发票号码	附图
1	远成集团有限公司绍兴分公司	2011/1/17	3600.00	252.00	01658373	7-26
2	远成集团有限公司绍兴分公司	2011/1/17	1150.00	80.50	01658374	7-27
3	远成集团有限公司绍兴分公司	2011/1/17	1920.00	134.40	01658375	7-28
4	远成集团有限公司绍兴分公司	2011/1/17	6480.00	453.60	01658376	7-29
5	远成集团有限公司绍兴分公司	2011/1/17	1725.00	120.75	01658377	7-30
6	远成集团有限公司绍兴分公司	2011/1/17	360.00	25.20	01658378	7-31

二、实训操作说明

(1)老师拿到学校实训管理员给予的账号后，登录财刀网(www.caidao8.com)税务实训平台的授权中心给学生注册实训平台的账号。详细注册说明可在“藏经阁”中通过“财刀一把”搜寻“税务实训产品登录操作指南(学校版)”，把注册好的账号告诉学生。

(2)学生获得实训平台的账号后，登录税务实训平台，为方便有问题时查询，先打开右上角的“藏经阁”。

(3)登录网上认证系统，进行发票认证操作。

(4)认证操作完成后，学生根据认证反馈结果与教材第二章第三节“实训认证结果报告”中的正确答案比对，打印出“认证结果通知书”和“认证结果清单”。

(5)国家税务局规定要将认证相符发票抵扣联和认证通知书、认证结果清单一起装订成册，作为以后纳税检查的备查资料。故学生要将自己打印出来的“认证结果通知书”、“认证结果清单”与认证相符的发票一起装订成册，上交给老师，才算完成本书所有的实训内容。

第三节 实训认证结果报告

检查连通网络后，选中录入或扫描的发票，并发送到主管税务机关进行防伪认证。认证比对后，从主管税务机关进行反馈获取认证的结果：

(1)《认证结果通知书》；

(2)《认证结果清单》。

以浙江版本为例，认证结果报告如下，此结果为本业务案例的正确答案。请同学们自己核对，是否与正确答案相符。附录6为错误发票清单，可以用来了解比对。

一、专用发票认证结果报告

班级：____________ 姓名：____________ 账号：____________

认证结果通知书

财刀网股份有限公司(330165719597888)：NO. 00000000001688618

经本局统计，你单位于 *年*月*日 至*年*月*日期间，使用网上认证企业端软件自行发送认证防伪税控专用发票抵扣联。经过认证，认证相符的专用发票 20 份，合计税额￥ 14486.33 元。

请将认证相符的专用发票抵扣联和本通知书一起装订成册，作为纳税检查的备查资料。认证详细情况请见本通知所附清单。

5AYY2Z69QHYOI4AY29

打印日期：*年*月*日

本通知书一式两联，请妥善保管

班级：________________ 姓名：________________ 账号：______________

认证结果清单

财刀网股份有限公司(330165719597888)：NO.000000000001688618

你单位于2011年2月11日至2011年2月11日，发送认证了以下防伪税控进项发票。请将“认证通过”的专用发票抵扣联与本清单一起装订成册，作为纳税检查的备查资料。

金额单位：元

序号批次	发票代码	发票号码	开票日期	销货方识别号	金额	税额	认证时间	认证结果
1	1301111130	00296401	2011/1/15	130103763443854	1025.64	174.36	2011/02/11	认证通过
2	1301111130	00296402	2011/1/16	130103763443854	1153.85	196.15	2011/02/11	认证通过
3	4403111130	00069056	2011/1/17	440301757627569	769.23	130.77	2011/02/11	认证通过
4	4403111130	00069057	2011/1/18	440301757627569	4649.57	790.43	2011/02/11	认证通过
5	3301111130	00026523	2011/1/20	330165719597557	10000.00	1700.00	2011/02/11	认证通过
6	3301111130	00026524	2011/1/20	330165719597557	10000.00	1700.00	2011/02/11	认证通过
7	3301111130	00026525	2011/1/20	330165719597557	10000.00	1700.00	2011/02/11	认证通过
8	3301111130	00026526	2011/1/23	330165719597557	8461.54	1438.46	2011/02/11	认证通过
9	4401111130	06068414	2011/1/17	440100677761987	1008.55	171.45	2011/02/11	认证通过
10	4401111130	06068415	2011/1/17	440100677761987	1008.55	171.45	2011/02/11	认证通过
11	3301111130	00026610	2011/1/17	330100697058965	2034.19	345.81	2011/02/11	认证通过
12	3301111130	00026611	2011/1/18	330100697058965	9230.77	1569.23	2011/02/11	认证通过
13	3301111130	00026614	2011/1/18	330100697058965	15384.61	2615.39	2011/02/11	认证通过
14	3301111130	00002987	2011/1/18	330100697058965	1025.64	174.36	2011/02/11	认证通过
15	3100111130	00002988	2011/1/18	310101737450823	1709.40	290.60	2011/02/11	认证通过
16	3100111130	00002989	2011/1/11	310101737450823	1555.55	264.45	2011/02/11	认证通过
17	4401111130	00026612	2011/1/11	330100697058965	2564.1	435.9	2011/02/11	认证通过
18	1301111130	00296403	2011/1/16	130103763443854	1068.38	181.62	2011/02/11	认证通过
19	4403111130	00069058	2011/1/18	440301757627569	512.82	87.18	2011/02/11	认证通过
20	4410111130	06068416	2011/1/17	440100677761987	2051.28	348.72	2011/02/11	认证通过
合计 20 张					85213.67	14486.33		

5AYY2Z69QHYOI4AY29

打印日期：2011年02月11日

二、运输发票认证结果报告

班级：________________ 姓名：________________ 账号：______________

认证结果通知书(货运发票)

财刀网股份有限公司(330165719597888)：NO. 000000000001688619

经本局统计，你单位于 2011 年 2 月 11 日 至 2011 年 2 月 11 日期间，使用 网上认证企业端软件 自行发送的货运发票抵扣联。经过认证，认证相符的货运发票 5 份，涉税金额 ￥13510.00 元。

请将认证相符发票抵扣联和本通知书一起装订成册，作为纳税检查的备查资料。认证详细情况请见本通知所附清单。

5AYY2Z69QHYOI4AY29

打印日期：2011 年 2 月 11 日

本通知书一式两联，请妥善保管

班级：________________ 姓名：________________ 账号：____________

公路内河货物运输发票税控系统发票认证结果清单
（认证相符）

财刀网股份有限公司(330165719597888)：NO.000000000001688619

你单位于2011年2月11日至2011年2月11日期间，发送认证了以下货运发票抵扣联。请将“认证通过”的货运发票抵扣联与本清单一起装订成册，作为纳税检查的备查资料。

单位：元

序号	发票代码	发票号码	开票日期	承运方税号	运费小计	税额	发票类别	认证时间
1	233001110143	01658373	2011/1/17	330621704497764	3600.00	252.00	货运自开	2011/02/11
2	233001110143	01658374	2011/1/17	330621704497764	1150.00	80.50	货运自开	2011/02/11
3	233001110143	01658375	2011/1/17	330621704497764	1920.00	134.40	货运自开	2011/02/11
4	233001110143	01658376	2011/1/17	330621704497764	6480.00	453.60	货运自开	2011/02/11
5	233001110143	01658378	2011/1/17	330621704497764	360.00	25.20	货运自开	2011/02/11
	合计 5 张				13510	945.7		

打印日期：2011/02/11

附录 1

国家税务总局关于修订《增值税专用发票使用规定》的通知

国税发〔2006〕156 号

各省、自治区、直辖市和计划单列市国家税务局：

为适应增值税专用发票管理需要，规范增值税专用发票使用，进一步加强增值税征收管理，在广泛征求意见的基础上，国家税务总局对现行的《增值税专用发票使用规定》进行了修订。现将修订后的《增值税专用发票使用规定》印发给你们，自 2007 年 1 月 1 日起施行。

各级税务机关应做好宣传工作，加强对税务人员和纳税人的培训，确保新规定贯彻执行到位。执行中如有问题，请及时报告总局(流转税管理司)。

附件：

1. 最高开票限额申请表(略)
2. 销售货物或者提供应税劳务清单(略)
3. 开具红字增值税专用发票申请单(略)
4. 开具红字增值税专用发票通知单(略)
5. 丢失增值税专用发票已报税证明单(略)

增值税专用发票使用规定

第一条 为加强增值税征收管理，规范增值税专用发票(以下简称专用发票)使用行为，根据《中华人民共和国增值税暂行条例》及其实施细则和《中华人民共和国税收征收管理法》及其实施细则，制定本规定。

第二条 专用发票，是增值税一般纳税人(以下简称一般纳税人)销售货物或者提供应税劳务开具的发票，是购买方支付增值税额并可按照增值税有关规定据以抵扣增值税进项税额的凭证。

第三条 一般纳税人应通过增值税防伪税控系统(以下简称防伪税控系统)使用专用发票。使用，包括领购、开具、缴销、认证纸质专用发票及其相应的数据电文。

本规定所称防伪税控系统，是指经国务院同意推行的，使用专用设备和通用设备、运用数字密码和电子存储技术管理专用发票的计算机管理系统。

本规定所称专用设备，是指金税卡、IC 卡、读卡器和其他设备。

本规定所称通用设备，是指计算机、打印机、扫描器具和其他设备。

第四条 专用发票由基本联次或者基本联次附加其他联次构成，基本联次为三联：发票联、抵扣联和记账联。发票联，作为购买方核算采购成本和增值税进项税额的记账凭证；抵扣联，作为购买方报送主管税务机关认证和留存备查的凭证；记账联，作为销售方核算销售收入和增值税销项税额的记账凭证。其他联次用途，由一般纳税人自行确定。

第五条 专用发票实行最高开票限额管理。最高开票限额，是指单份专用发票开具的销售额合计数不得达到的上限额度。

最高开票限额由一般纳税人申请，税务机关依法审批。最高开票限额为十万元及以下的，由区县级税务机关审批；最高开票限额为一百万元的，由地市级税务机关审批；最高开票限额为一千万元及以上的，由省级税务机关审批。防伪税控系统的具体发行工作由区县级税务机关负责。

税务机关审批最高开票限额应进行实地核查。批准使用最高开票限额为十万元及以下的，由区县级税务机关派人实地核查；批准使用最高开票限额为一百万元的，由地市级税务机关派人实地核查；批准使用最高开票限额为一千万元及以上的，由地市级税务机关派人实地核查后将核查资料报省级税务机关审核。

一般纳税人申请最高开票限额时，需填报《最高开票限额申请表》。

第六条 一般纳税人领购专用设备后，凭《最高开票限额申请表》、《发票领购簿》到主管税务机关办理初始发行。

本规定所称初始发行，是指主管税务机关将一般纳税人的下列信息载入空白金税卡和IC卡的行为。

（一）企业名称；

（二）税务登记代码；

（三）开票限额；

（四）购票限量；

（五）购票人员姓名、密码；

（六）开票机数量；

（七）国家税务总局规定的其他信息。

一般纳税人发生上列第一、三、四、五、六、七项信息变化，应向主管税务机关申请变更发行；发生第二项信息变化，应向主管税务机关申请注销发行。

第七条 一般纳税人凭《发票领购簿》、IC卡和经办人身份证明领购专用发票。

第八条 一般纳税人有下列情形之一的，不得领购开具专用发票：

（一）会计核算不健全，不能向税务机关准确提供增值税销项税额、进项税额、应纳税额数据及其他有关增值税税务资料的。上列其他有关增值税税务资料的内容，由省、自治区、直辖市和计划单列市国家税务局确定。

（二）有《税收征管法》规定的税收违法行为，拒不接受税务机关处理的。

（三）有下列行为之一，经税务机关责令限期改正而仍未改正的：

1.虚开增值税专用发票；

2.私自印制专用发票；

3.向税务机关以外的单位和个人买取专用发票；

4.借用他人专用发票；

5.未按本规定第十一条开具专用发票；

6.未按规定保管专用发票和专用设备；

7.未按规定申请办理防伪税控系统变更发行；

8.未按规定接受税务机关检查。

有上列情形的，如已领购专用发票，主管税务机关应暂扣其结存的专用发票和IC卡。

第九条 有下列情形之一的，为本规定第八条所称未按规定保管专用发票和专用设备：

（一）未设专人保管专用发票和专用设备；

（二）未按税务机关要求存放专用发票和专用设备；

（三）未将认证相符的专用发票抵扣联、《认证结果通知书》和《认证结果清单》装订成册；

（四）未经税务机关查验，擅自销毁专用发票基本联次。

第十条 一般纳税人销售货物或者提供应税劳务，应向购买方开具专用发票。

商业企业一般纳税人零售的烟、酒、食品、服装、鞋帽(不包括劳保专用部分)、化妆品等消费品不得开具专用发票。

增值税小规模纳税人(以下简称小规模纳税人)需要开具专用发票的,可向主管税务机关申请代开。

销售免税货物不得开具专用发票,法律、法规及国家税务总局另有规定的除外。

第十一条 专用发票应按下列要求开具:

(一)项目齐全,与实际交易相符;

(二)字迹清楚,不得压线、错格;

(三)发票联和抵扣联加盖财务专用章或者发票专用章;

(四)按照增值税纳税义务的发生时间开具。

对不符合上列要求的专用发票,购买方有权拒收。

第十二条 一般纳税人销售货物或者提供应税劳务可汇总开具专用发票。汇总开具专用发票的,同时使用防伪税控系统开具《销售货物或者提供应税劳务清单》,并加盖财务专用章或者发票专用章。

第十三条 一般纳税人在开具专用发票当月,发生销货退回、开票有误等情形,收到退回的发票联、抵扣联符合作废条件的,按作废处理;开具时发现有误的,可即时作废。

作废专用发票须在防伪税控系统中将相应的数据电文按"作废"处理,在纸质专用发票(含未打印的专用发票)各联次上注明"作废"字样,全联次留存。

第十四条 一般纳税人取得专用发票后,发生销货退回、开票有误等情形但不符合作废条件的,或者因销货部分退回及发生销售折让的,购买方应向主管税务机关填报《开具红字增值税专用发票申请单》(以下简称《申请单》)。

《申请单》所对应的蓝字专用发票应经税务机关认证。

经认证结果为"认证相符"并且已经抵扣增值税进项税额的,一般纳税人在填报《申请单》时不填写相对应的蓝字专用发票信息。

经认证结果为"纳税人识别号认证不符"、"专用发票代码、号码认证不符"的,一般纳税人在填报《申请单》时应填写相对应的蓝字专用发票信息。

第十五条 《申请单》一式两联:第一联由购买方留存;第二联由购买方主管税务机关留存。

《申请单》应加盖一般纳税人财务专用章。

第十六条 主管税务机关对一般纳税人填报的《申请单》进行审核后,出具《开具红字增值税专用发票通知单》(以下简称《通知单》)。《通知单》应与《申请单》一一对应。

第十七条 《通知单》一式三联:第一联由购买方主管税务机关留存;第二联由购买方送交销售方留存;第三联由购买方留存。

《通知单》应加盖主管税务机关印章。

《通知单》应按月依次装订成册,并比照专用发票保管规定管理。

第十八条 购买方必须暂依《通知单》所列增值税税额从当期进项税额中转出,未抵扣增值税进项税额的可列入当期进项税额,待取得销售方开具的红字专用发票后,与留存的《通知单》一并作为记账凭证。属于本规定第十四条第四款所列情形的,不作进项税额转出。

第十九条 销售方凭购买方提供的《通知单》开具红字专用发票,在防伪税控系统中以销项负数开具。

红字专用发票应与《通知单》一一对应。

第二十条 同时具有下列情形的，为本规定所称作废条件：

（一）收到退回的发票联、抵扣联时间未超过销售方开票当月；

（二）销售方未抄税并且未记账；

（三）购买方未认证或者认证结果为“纳税人识别号认证不符”、“专用发票代码、号码认证不符”。

本规定所称抄税，是报税前用 IC 卡或者 IC 卡和软盘抄取开票数据电文。

第二十一条 一般纳税人开具专用发票应在增值税纳税申报期内向主管税务机关报税，在申报所属月份内可分次向主管税务机关报税。

本规定所称报税，是纳税人持 IC 卡或者 IC 卡和软盘向税务机关报送开票数据电文。

第二十二条 因 IC 卡、软盘质量等问题无法报税的，应更换 IC 卡、软盘。

因硬盘损坏、更换金税卡等原因不能正常报税的，应提供已开具未向税务机关报税的专用发票记账联原件或者复印件，由主管税务机关补采开票数据。

第二十三条 一般纳税人注销税务登记或者转为小规模纳税人，应将专用设备和结存未用的纸质专用发票送交主管税务机关。

主管税务机关应缴销其专用发票，并按有关安全管理的要求处理专用设备。

第二十四条 本规定第二十三条所称专用发票的缴销，是指主管税务机关在纸质专用发票监制章处按“V”字剪角作废，同时作废相应的专用发票数据电文。

被缴销的纸质专用发票应退还纳税人。

第二十五条 用于抵扣增值税进项税额的专用发票应经税务机关认证相符（国家税务总局另有规定的除外）。认证相符的专用发票应作为购买方的记账凭证，不得退还销售方。

本规定所称认证，是税务机关通过防伪税控系统对专用发票所列数据的识别、确认。

本规定所称认证相符，是指纳税人识别号无误，专用发票所列密文解译后与明文一致。

第二十六条 经认证，有下列情形之一的，不得作为增值税进项税额的抵扣凭证，税务机关退还原件，购买方可要求销售方重新开具专用发票。

（一）无法认证。

本规定所称无法认证，是指专用发票所列密文或者明文不能辨认，无法产生认证结果。

（二）纳税人识别号认证不符。

本规定所称纳税人识别号认证不符，是指专用发票所列购买方纳税人识别号有误。

（三）专用发票代码、号码认证不符。

本规定所称专用发票代码、号码认证不符，是指专用发票所列密文解译后与明文的代码或者号码不一致。

第二十七条 经认证，有下列情形之一的，暂不得作为增值税进项税额的抵扣凭证，税务机关扣留原件，查明原因，分别情况进行处理。

（一）重复认证。

本规定所称重复认证，是指已经认证相符的同一张专用发票再次认证。

（二）密文有误。

本规定所称密文有误，是指专用发票所列密文无法解译。

（三）认证不符。

本规定所称认证不符，是指纳税人识别号有误，或者专用发票所列密文解译后与明文不一致。

本项所称认证不符不含第二十六条第二项、第三项所列情形。

（四）列为失控专用发票。

本规定所称列为失控专用发票，是指认证时的专用发票已被登记为失控专用发票。

第二十八条 一般纳税人丢失已开具专用发票的发票联和抵扣联，如果丢失前已认证相符的，购买方凭销售方提供的相应专用发票记账联复印件及销售方所在地主管税务机关出具的《丢失增值税专用发票已报税证明单》（附件5），经购买方主管税务机关审核同意后，可作为增值税进项税额的抵扣凭证；如果丢失前未认证的，购买方凭销售方提供的相应专用发票记账联复印件到主管税务机关进行认证，认证相符的凭该专用发票记账联复印件及销售方所在地主管税务机关出具的《丢失增值税专用发票已报税证明单》，经购买方主管税务机关审核同意后，可作为增值税进项税额的抵扣凭证。

一般纳税人丢失已开具专用发票的抵扣联，如果丢失前已认证相符的，可使用专用发票发票联复印件留存备查；如果丢失前未认证的，可使用专用发票发票联到主管税务机关认证，专用发票发票联复印件留存备查。

一般纳税人丢失已开具专用发票的发票联，可将专用发票抵扣联作为记账凭证，专用发票抵扣联复印件留存备查。

第二十九条 专用发票抵扣联无法认证的，可使用专用发票发票联到主管税务机关认证。专用发票发票联复印件留存备查。

第三十条 本规定自2007年1月1日施行，《国家税务总局关于印发〈增值税专用发票使用规定〉的通知》（国税发〔1993〕150号）、《国家税务总局关于增值税专用发票使用问题的补充通知》（国税发〔1994〕56号）、《国家税务总局关于由税务所为小规模企业代开增值税专用发票的通知》（国税发〔1994〕58号）、《国家税务总局关于印发〈关于商业零售企业开具增值税专用发票的通告〉的通知》（国税发〔1994〕81号）、《国家税务总局关于修改〈国家税务总局关于严格控制增值税专用发票使用范围的通知〉的通知》（国税发〔2000〕75号）、《国家税务总局关于加强防伪税控开票系统最高开票限额管理的通知》（国税发明电〔2001〕57号）、《国家税务总局关于增值税一般纳税人丢失防伪税控系统开具的增值税专用发票有关税务处理问题的通知》（国税发〔2002〕10号）、《国家税务总局关于进一步加强防伪税控开票系统最高开票限额管理的通知》（国税发明电〔2002〕33号）同时废止。以前有关政策规定与本规定不一致的，以本规定为准。

附录 2

国家税务总局关于统一编印 1995 年增值税专用发票代码的通知

国税函发〔1995〕18 号

各省、自治区、直辖市和计划单列市国家税务局：

为了加强对增值税专用发票的使用管理，有利于增值税专用发票计算机交叉稽核工作，从 1995 年起，将专用发票上的地区简称、制版年度、批次、版本的语言文字、几联发票、发票的金额版本号等改用 10 位代码表示。

具体表示方法：

第 1—4 位代表各地市

（以上代码参见附件）

第 5—6 两位代表制版年度

第 7 位代表批次

（分别用 1、2、3、4……表示）

第 8 位代表版本的语言文字

（分别用 1、2、3、4 代表中文、中英文、藏汉文、维汉文）

第 9 位代表几联发票

（分别用 4、7 表示四联、七联）

第 10 位代表发票的金额版本号

（分别用 1、2、3、4 表示万元版、十万元版、百万元版、千万元版，用“0”表示电脑发票）

例：“1301951141”其中：一至四位“1301”表示河北省石家庄市，五、六两位“95”表示 1995 年版，第七位的“1”表示第一批，第八位的“1”表示中文，第九位的“4”表示四联，第十位的“1”表示万元版。

附件：《各省、自治区、直辖市，各计划单列市地区代码》

附件：

各省、自治区、直辖市，各计划单列市地区代码

序号	地区名称	地区简称	地区代码
1	北京市	北　京	1100
2	天津市	天　津	1200
3	河北省		
(1)	石家庄	家　庄	1301
(2)	唐　山	唐　山	1302
(3)	秦皇岛	皇　岛	1303
(4)	邯　郸	邯　郸	1304
(5)	邢　台	邢　台	1305
(6)	保　定	保　定	1306
(7)	张家口	家　口	1307

(8)	承　德	承　德	1308
(9)	沧　州	沧　州	1309
(10)	廊　坊	廊　坊	1310
(11)	保定地区	保　地	1324
(12)	衡水地区	衡　水	1330
4	山西省		
(1)	太　原	太　原	1401
(2)	大　同	大　同	1402
(3)	阳　泉	阳　泉	1403
(4)	长　治	长　治	1404
(5)	晋　城	晋　城	1405
(6)	朔　州	朔　州	1406
(7)	忻　州	忻　州	1422
(8)	吕梁地区	吕　梁	1423
(9)	晋中地区	晋　中	1424
(10)	临汾地区	临　汾	1426
(11)	运城地区	运　城	1427
(12)	省直属分局	省　直	1400
5	内蒙古自治区		
(1)	呼和浩特	呼　市	1501
(2)	包　头	包　头	1502
(3)	乌　海	乌　海	1503
(4)	赤　峰	赤　峰	1504
(5)	呼伦贝尔	呼　盟	1521
(6)	兴安盟	兴　安	1522
(7)	哲里木盟	哲　盟	1523
(8)	锡林郭勒	锡　盟	1525
(9)	乌兰察布	乌　盟	1526
(10)	伊克昭盟	伊　盟	1527
(11)	巴彦淖尔	巴　盟	1528
(12)	阿拉善盟	阿　盟	1529
6	辽宁省		
(1)	沈　阳	沈　阳	2101
(2)	鞍　山	鞍　山	2103
(3)	抚　顺	抚　顺	2104
(4)	本　溪	本　溪	2105
(5)	丹　东	丹　东	2106
(6)	锦　州	锦　州	2107

(7)	营　口	营　口	2108
(8)	阜　新	阜　新	2109
(9)	辽　阳	辽　阳	2110
(10)	盘　锦	盘　锦	2111
(11)	铁　岭	铁　岭	2112
(12)	朝　阳	朝　阳	2113
(13)	锦　西	锦　西	2114
(14)	省直属分局	省　直	2100
7	大连市	大　连	2102
8	吉林省		
(1)	长　春	长　春	2201
(2)	吉　林	吉　林	2202
(3)	四　平	四　平	2203
(4)	辽　源	辽　源	2204
(5)	通　化	通　化	2205
(6)	白　山	白　山	2206
(7)	松　原	松　原	2207
(8)	白　城	白　城	2223
(9)	延　边	延　边	2224
9	黑龙江省		
(1)	哈尔滨	尔　滨	2301
(2)	齐齐哈尔	齐　哈	2302
(3)	鸡　西	鸡　西	2303
(4)	鹤　岗	鹤　岗	2304
(5)	双鸭山	鸭　山	2305
(6)	大　庆	大　庆	2306
(7)	伊　春	伊　春	2307
(8)	佳木斯	木　斯	2308
(9)	七台河	台　河	2309
(10)	牡丹江	丹　江	2310
(11)	松花江地区	花　江	2321
(12)	绥化地区	绥　化	2323
(13)	黑河地区	黑　河	2326
(14)	大兴安岭地区	安　岭	2327
10	上海市	上　海	3100
11	江苏省		
(1)	南　京	南　京	3201
(2)	无　锡	无　锡	3202

(3)	徐　州	徐　州	3203
(4)	常　州	常　州	3204
(5)	苏　州	苏　州	3205
(6)	南　通	南　通	3206
(7)	连云港	云　港	3207
(8)	淮　阴	淮　阴	3208
(9)	盐　城	盐　城	3209
(10)	扬　州	扬　州	3210
(11)	镇　江	镇　江	3211
12	浙江省		
(1)	杭　州	杭　州	3301
(2)	温　州	温　州	3303
(3)	嘉　兴	嘉　兴	3304
(4)	湖　州	湖　州	3305
(5)	绍　兴	绍　兴	3306
(6)	金　华	金　华	3307
(7)	衢　州	衢　州	3308
(8)	舟　山	舟　山	3309
(9)	丽水地区	丽　水	3325
(10)	台州地区	台　州	3326
13	宁波市	宁　波	3302
14	安徽省		
(1)	合　肥	合　肥	3401
(2)	芜　湖	芜　湖	3402
(3)	蚌　埠	蚌　埠	3403
(4)	淮　南	淮　南	3404
(5)	马鞍山	马　鞍	3405
(6)	淮　北	淮　北	3406
(7)	铜　陵	铜　陵	3407
(8)	安　庆	安　庆	3408
(9)	黄　山	黄　山	3410
(10)	滁　州	滁　州	3411
(11)	阜阳地区	阜　阳	3421
(12)	宿县地区	宿　县	3422
(13)	六安地区	六　安	3424
(14)	宣城地区	宣　城	3425
(15)	巢湖地区	巢　湖	3426
(16)	池州地区	池　州	3429

15	福建省		
(1)	福　州	福　州	3501
(2)	莆　田	莆　田	3503
(3)	三　明	三　明	3504
(4)	泉　州	泉　州	3505
(5)	漳　州	漳　州	3506
(6)	南平地区	南　平	3521
(7)	宁德地区	宁　德	3522
(8)	龙岩地区	龙　岩	3526
16	厦门市	厦门	3502
17	江西省		
(1)	南　昌	南　昌	3601
(2)	景德镇	景　德	3602
(3)	萍　乡	萍　乡	3603
(4)	九　江	九　江	3604
(5)	新　余	新　余	3605
(6)	鹰　潭	鹰　潭	3606
(7)	赣州地区	赣　州	3621
(8)	宜春地区	宜　春	3622
(9)	上饶地区	上　饶	3623
(10)	吉安地区	吉　安	3624
(11)	抚州地区	抚　州	3625
18	山东省		
(1)	济　南	济　南	3701
(2)	淄　博	淄　博	3703
(3)	枣　庄	枣　庄	3704
(4)	东　营	东　营	3705
(5)	烟　台	烟　台	3706
(6)	潍　坊	潍　坊	3707
(7)	济　宁	济　宁	3708
(8)	泰　安	泰　安	3709
(9)	威　海	威　海	3710
(10)	日　照	日　照	3711
(11)	莱　芜	莱　芜	3712
(12)	滨州地区	滨　州	3723
(13)	德州地区	德　州	3724
(14)	聊城地区	聊　城	3725
(15)	临沂地区	临　沂	3728

(16)	菏泽地区	荷　泽	3729
19	青岛市	青　岛	3702
20	河南省		
(1)	郑　州	郑　州	4101
(2)	开　封	开　封	4102
(3)	洛　阳	洛　阳	4103
(4)	平顶山	顶　山	4104
(5)	安　阳	安　阳	4105
(6)	鹤　壁	鹤　壁	4106
(7)	新　乡	新　乡	4107
(8)	焦　作	焦　作	4108
(9)	濮　阳	濮　阳	4109
(10)	许　昌	许　昌	4110
(11)	漯　河	漯　河	4111
(12)	三门峡	三　门	4112
(13)	商丘地区	商　丘	4123
(14)	周口地区	周　口	4127
(15)	驻马店地区	驻　马	4128
(16)	南阳地区	南　阳	4129
(17)	信阳地区	信　阳	4130
21	湖北省		
(1)	武　汉	武　汉	4201
(2)	黄　石	黄　石	4202
(3)	十　堰	十　堰	4203
(4)	沙　市	沙　市	4204
(5)	宜　昌	宜　昌	4205
(6)	襄　樊	襄　樊	4206
(7)	鄂　州	鄂　州	4207
(8)	荆　门	荆　门	4208
(9)	黄冈地区	黄　冈	4221
(10)	孝感地区	孝　感	4222
(11)	咸宁地区	咸　宁	4223
(12)	荆州地区	荆　州	4224
(13)	郧阳地区	郧　阳	4226
(14)	恩施州	恩　施	4228
(15)	神农架地区	神　农	4229
(16)	省直属分局	省　直	4200

22	湖南省		
(1)	长　沙	长　沙	4301
(2)	株　州	株　州	4302
(3)	湘　潭	湘　潭	4303
(4)	衡　阳	衡　阳	4304
(5)	邵　阳	邵　阳	4305
(6)	岳　阳	岳　阳	4306
(7)	常　德	常　德	4307
(8)	张家界	家　界	4308
(9)	益阳地区	益　阳	4323
(10)	娄底地区	娄　底	4325
(11)	郴州地区	郴　州	4328
(12)	零陵地区	零　陵	4329
(13)	怀化地区	怀　化	4330
(14)	湘西州	湘　西	4331
23	广东省		
(1)	广　州	广　州	4401
(2)	韶　关	韶　关	4402
(3)	珠　海	珠　海	4404
(4)	汕　头	汕　头	4405
(5)	佛　山	佛　山	4406
(6)	江　门	江　门	4407
(7)	湛　江	湛　江	4408
(8)	茂　名	茂　名	4409
(9)	潮　州	潮　州	4410
(10)	揭　阳	揭　阳	4411
(11)	肇　庆	肇　庆	4412
(12)	惠　州	惠　州	4413
(13)	梅　州	梅　州	4414
(14)	汕　尾	汕　尾	4415
(15)	河　源	河　源	4416
(16)	阳　江	阳　江	4417
(17)	清　远	清　远	4418
(18)	东　莞	东　莞	4419
(19)	中　山	中　山	4420
(20)	云　浮	云　浮	4421
24	深圳市	深　圳	4403

25	广西壮族自治区		
(1)	南　宁	南　宁	4501
(2)	柳　州	柳　州	4502
(3)	桂　林	桂　林	4503
(4)	梧　州	梧　州	4504
(5)	北　海	北　海	4505
(6)	防城港	防　城	4506
(7)	南宁地区	南　地	4521
(8)	柳州地区	柳　地	4522
(9)	桂林地区	桂　地	4523
(10)	梧州地区	梧　地	4524
(11)	玉林地区	玉　林	4525
(12)	百色地区	百　色	4526
(13)	河池地区	河　池	4527
(14)	钦州地区	钦　州	4528
26	海南省	海　南	4600
27	四川省		
(1)	成　都	成　都	5101
(2)	自　贡	自　贡	5103
(3)	攀枝花	枝　花	5104
(4)	泸　州	泸　州	5105
(5)	德　阳	德　阳	5106
(6)	绵　阳	绵　阳	5107
(7)	广　元	广　元	5108
(8)	遂　宁	遂　宁	5109
(9)	内　江	内　江	5110
(10)	乐　山	乐　山	5111
(11)	万　县	万　县	5112
(12)	南　充	南　充	5113
(13)	涪陵地区	涪　陵	5123
(14)	宜宾地区	宜　宾	5125
(15)	广安地区	广　安	5129
(16)	达川地区	达　川	5130
(17)	雅安地区	雅　安	5131
(18)	阿坝州	阿　坝	5132
(19)	甘孜州	甘　孜	5133
(20)	凉山州	凉　山	5134
(21)	黔江地区	黔　江	5135

(22)	巴中地区	巴　中	5136
28	重　庆	重　庆	5102
29	贵州省		
(1)	贵　阳	贵　阳	5201
(2)	六盘水	六　盘	5202
(3)	遵义地区	遵　义	5221
(4)	铜仁地区	铜　仁	5222
(5)	黔西州	黔　西	5223
(6)	毕　节	毕　节	5224
(7)	安顺地区	安　顺	5225
(8)	黔东州	黔　东	5226
(9)	黔南州	黔　南	5227
30	云南省		
(1)	昆　明	昆　明	5301
(2)	东　川	东　川	5302
(3)	昭通地区	昭　通	5321
(4)	曲靖地区	曲　靖	5322
(5)	楚雄州	楚　雄	5323
(6)	玉溪地区	玉　溪	5324
(7)	红河州	红　河	5325
(8)	文山州	文　山	5326
(9)	思茅地区	思　茅	5327
(10)	西双版纳	版　纳	5328
(11)	大理州	大　理	5329
(12)	保山地区	保　山	5330
(13)	德宏州	德　宏	5331
(14)	丽江地区	丽　江	5332
(15)	怒江州	怒　江	5333
(16)	迪庆州	迪　庆	5334
(17)	临沧地区	临　沧	5335
31	西藏自治区	西　藏	5400
32	陕西省		
(1)	西　安	西　安	6101
(2)	铜　川	铜　川	6102
(3)	宝　鸡	宝　鸡	6103
(4)	咸　阳	咸　阳	6104
(5)	渭南地区	渭　南	6121
(6)	汉中地区	汉　中	6123

(7)	安康地区	安　康	6124
(8)	商洛地区	商　洛	6125
(9)	延安地区	延　安	6126
(10)	榆林地区	榆　林	6127
(11)	陕西全省		6100
33	甘肃省		
(1)	兰　州	兰　州	6201
(2)	嘉峪关	嘉　峪	6202
(3)	金　昌	金　昌	6203
(4)	白　银	白　银	6204
(5)	天　水	天　水	6205
(6)	酒泉地区	酒　泉	6221
(7)	张掖地区	张　掖	6222
(8)	武威地区	武　威	6223
(9)	定西地区	定　西	6224
(10)	陇南地区	陇　南	6226
(11)	平凉地区	平　凉	6227
(12)	庆阳地区	庆　阳	6228
(13)	临夏州	临　夏	6229
(14)	甘南州	甘　南	6230
34	青海省		
(1)	西　宁	西　宁	6301
(2)	海东地区	海　东	6321
(3)	海北州	海　北	6322
(4)	黄南州	黄　南	6323
(5)	海南州	海　南	6325
(6)	果洛州	果　洛	6326
(7)	玉树州	玉　树	6327
(8)	海西州	海　西	6328
35	宁夏回族自治区		
(1)	银　川	银　川	6401
(2)	石嘴山	嘴　山	6402
(3)	银南地区	银　南	6421
(4)	固原地区	固　原	6422
36	新疆维吾尔自治区		
(1)	乌鲁木齐	乌　市	6501
(2)	克拉玛依	克　市	6502
(3)	吐鲁番地区	新　吐	6521

(4)	哈密地区	哈　密	6522
(5)	昌吉州	昌　吉	6523
(6)	博尔塔拉州	博　州	6527
(7)	巴音郭勒州	巴　州	6528
(8)	阿克苏地区	新　阿	6529
(9)	克孜勒苏州	克　州	6530
(10)	喀什地区	喀　什	6531
(11)	和田地区	和　田	6532
(12)	伊犁州奎屯	奎　屯	6540
(13)	伊犁地区	伊　犁	6541
(14)	塔城地区	塔　城	6542
(15)	阿勒泰地区	阿　山	6543
(16)	石河子	石　市	6590

附录3

国家税务总局关于统一全国普通发票分类代码和发票号码的通知

国税函〔2004〕521号

各省、自治区、直辖市和计划单列市国家税务局、地方税务局：

为了加强和规范普通发票的统一管理，做好推广应用税控收款机的准备工作，便于全国普通发票统一识别和查询，决定统一全国普通发票分类代码和发票号码。现将有关事项通知如下：

一、统一全国普通发票分类代码和发票号码

（一）普通发票分类代码编制规则

普通发票分类代码（以下简称分类代码）为12位阿拉伯数字。从左至右排列：

第1位为国家税务局、地方税务局代码，1为国家税务局、2为地方税务局，0为总局。

第2、3、4、5位为地区代码（地、市级），以全国行政区域统一代码为准，0000为总局。

第6、7位为年份代码（例如2004年以04表示）。

第8位为统一的行业代码，其中，国税行业划分：1工业、2商业、3加工修理修配业、4收购业、5水电业、6其他；地税行业划分：1交通运输业、2建筑业、3金融保险业、4邮电通信业、5文化体育业、6娱乐业、7服务业、8转让无形资产、9销售不动产、0表示其他。

第9、10、11、12位为细化的发票种类代码，按照保证每份发票编码唯一的原则，由省、自治区、直辖市和计划单列市国家税务局、地方税务局自行编制。

（二）发票号码（即发票顺序码）编制规则

普通发票号码为8位阿拉伯数字。如发票号码资源不够用，在设计时应考虑与分类代码结合，即在分类代码的第9、10、11、12位中设置1位为批次代码。企业冠名发票，可在第9、10、11、12位分类代码中设置1位单独表示，或者直接在发票号码中以给每个企业分配一段号码的方式进行编制。

（三）印制位置和规格

分类代码和发票号码统一印制在发票右上角：第一排分类代码，第二排发票号码。发票号码采用号码机印刷的，号码机采用哥特字体。手工票、定额票、电脑票（平推打印）号码机的规格为：字高3.34mm，字宽1.86mm，字笔道0.34mm，字间距0.99mm，号码总长21.81mm.卷式发票号码机规格为：字高3mm，字宽1.66mm，字笔道0.32mm，字间距1.19mm，号码总长21.61mm。发票号码采用喷墨方式印刷的，按照号码机印刷的规格喷印。

分类代码印制规格应与发票号码一致。

二、统一代码和发票号码的执行时间

为了保证新旧分类代码、发票号码使用的顺利衔接，全国统一分类代码、发票号码启用时间为2004年7月1日，旧分类代码、发票号码截止使用时间为2004年12月31日（总局另有规定的除外）。各地可在总局规定的交替期内确定具体启用和截止时间，并报总局备案。

三、工作要求

(一)抓紧确定编码方案。各地必须按照总局统一的编码规则,编制普通发票的分类代码和发票号码。各地所确定的分类代码、发票号码编制方案,报总局征管司、信息中心备案。

(二)发票印制相对集中。配合统一普通发票分类代码和发票号码的实施,普通发票应集中到地、市级印制,有条件的地区及重要票种应集中在省一级印制。

(三)抓住契机开展发票查询。各地要充分利用统一普通发票分类代码和发票号码的有利时机,按照税务系统信息化规划"两级处理"的要求,积极创造条件,依托现有综合征管信息系统,逐步建立普通发票电话、网上查询系统。

(四)狠抓落实及时反馈。各地要充分认识统一普通发票分类代码和发票号码对实现发票管理规范化和信息化的重要意义,认真抓好更换分类代码和发票号码的各项准备工作,按要求逐项落实,并及时反馈有关情况、问题和建议,以利不断完善这项工作。

附件:号码机字体规格图样(略)

附录 4

关于新版公路、内河货物运输业统一发票有关使用问题的通知

国税发〔2007〕101 号

各省、自治区、直辖市和计划单列市国家税务局、地方税务局：

为进一步规范新版公路、内河货物运输业统一发票（以下简称货运发票）的开具和使用，加强公路、内河货物运输业营业税征收管理，现将有关问题通知如下：

一、关于公路、内河联合货物运输业务开具货运发票问题

公路、内河联合货物运输业务，是指其一项货物运输业务由两个或两个以上的运输单位（或个人）共同完成的货物运输业务。运输单位（或个人）应以收取的全部价款向付款人开具货运发票，合作运输单位（或个人）以向运输单位（或个人）收取的全部价款向该运输单位（或个人）开具货运发票，运输单位（或个人）应以合作运输单位（或个人）向其开具的货运发票作为差额缴纳营业税的扣除凭证。

二、关于货运发票填开内容有关问题

一项运输业务无法明确单位运价和运费里程时，《国家税务总局关于使用新版公路、内河货物运输业统一发票有关问题的通知》（国税发〔2006〕67 号）第五条第（五）款规定的“运输项目及金额”栏的填开内容中，“运价”和“里程”两项内容可不填列。

准予计算增值税进项税额扣除的货运发票（仅指本通知规定的），发货人、收货人、起运地、到达地、运输方式、货物名称、货物数量、运费金额等项目填写必须齐全，与货运发票上所列的有关项目必须相符，否则，不予抵扣。

三、关于货运发票作废有关问题

在开具货运发票的当月，发生取消运输合同、退回运费、开票有误等情形，开票方收到退回的发票联、抵扣联符合作废条件的，按作废处理；开具时发现有误的，可即时作废。

作废货运发票必须在公路、内河货物运输业发票税控系统（以下简称货运发票税控系统）开票软件（包括自开票软件和代开票软件）中将相应的数据电文按“作废”处理，在纸质货运发票（含未打印货运发票）各联次上注明“作废”字样，全部联次监制章部位做剪口处理，在领购新票时交主管税务机关查验。

上述作废条件，是指同时具有以下情形的：

(1)收到退回发票联、抵扣联的时间未超过开票方开票的当月；

(2)开票方未进行税控盘（或传输盘）抄税且未记账；

(3)受票方为增值税一般纳税人的，该纳税人未将抵扣联认证或认证结果为“纳税人识别号认证不符”（指发票所列受票方纳税人识别号与申报认证企业的纳税人识别号不符）、“发票代码、号码认证不符”（指机打代码或号码与发票代码或号码不符）。

四、关于开具货运发票红字票有关问题

（一）受票方取得货运发票后，发生开票有误等情形但不符合作废条件或者因运费部分退

回需要开具红字发票的，应按红字发票开具规定进行处理。开具红字发票时应在价税合计的大写金额第一字前加“负数”字，在小写金额前加“－”号。

（二）在开具红字发票前，如受票方尚未记账、货运发票全部联次可以收回的，应对全部联次监制章部位做剪口处理后，再开具红字发票。开票方为公路、内河货物运输业自开票纳税人（以下简称自开票纳税人）或代开票中介机构的，开票方应在领购新货运发票时将剪口后的货运发票全部联次交税务机关查验并留存。

（三）在开具红字发票前，如无法收回全部联次，受票方应向主管税务机关填报《开具红字公路、内河货物运输业发票申请单》（以下简称《申请单》）。受票方为营业税纳税人的，向主管地方税务局填报《申请单》，受票方为增值税纳税人的，向主管国家税务局填报《申请单》。

《申请单》一式两联：第一联由受票方留存，第二联由受票方主管税务机关留存。《申请单》应加盖受票方财务专用章或发票专用章。

主管税务机关对纳税人填报的《申请单》进行审核后，出具《开具红字公路、内河货物运输业发票通知单》（以下简称《通知单》）。《通知单》应与《申请单》一一对应。

《通知单》一式三联：第一联由受票方主管税务机关留存；第二联由受票方送交承运方留存；第三联由受票方留存。《通知单》应加盖主管税务机关印章。

开票方凭承运方提供的《通知单》开具红字货运发票，红字货运发票应与《通知单》一一对应。承运方为自开票纳税人的，开票方即为承运方。

开票方为自开票纳税人或代开票中介机构的，应于报送税控盘（或传输盘）数据时将《通知单》一并交主管税务机关审核。开票方主管税务机关应将纳税人税控盘（或传输盘）中开具红字货运发票情况与《通知单》进行审核、比对；比对不符的，不允许其开具红字货运发票并按有关规定进行处理。税务机关应将《通知单》按月依次装订成册，并比照发票保管规定管理。

五、关于开具红字货运发票税款退库问题

自开票纳税人、代开票纳税人开具红字发票，涉及多缴税款经税务机关审批应当办理退库的，税务机关应按规定开具《税收收入退还书》送国库办理退税。纳税人从其开户银行账户转账缴税的，将税款退至纳税人缴税的开户银行账户；个人现金退税，按照《国家税务总局中国人民银行 财政部关于现金退税问题的紧急通知》（国税发〔2004〕47 号）有关规定执行。

六、货运发票开具和保存有关要求问题

为提高货运发票的扫描识别率，自开票纳税人、代开票中介机构和税务机关在开具货运发票时必须严格执行《中华人民共和国发票管理办法》及其实施细则、国税发〔2006〕67 号以及其他相关规定，保证发票字迹清晰、打印完整，不得压线和错位。自开票纳税人开具货运发票时，不再加盖开票人专章。

本规定自 2007 年 9 月 1 日起执行。国税发〔2006〕67 号第五条第（八）款以及《国家税务总局关于加强货物运输业税收征收管理的通知》（国税发〔2003〕121 号）附件 1《货物运输业营业税征收管理试行办法》第六条有关规定同时废止。

国家税务总局
二〇〇七年八月二十六日

附录 5

国家税务总局关于调整增值税扣税凭证抵扣期限有关问题的通知

国税函〔2009〕617 号

各省、自治区、直辖市和计划单列市国家税务局：

2003 年以来，国家税务总局对增值税专用发票等扣税凭证陆续实行了 90 日申报抵扣期限的管理措施，对于提高增值税征管信息系统的运行质量、督促纳税人及时申报起到了积极作用。近来，部分纳税人及税务机关反映目前的 90 日申报抵扣期限较短，部分纳税人因扣税凭证逾期申报导致进项税额无法抵扣。为合理解决纳税人的实际问题，加强税收征管，经研究，现就有关问题通知如下：

一、增值税一般纳税人取得 2010 年 1 月 1 日以后开具的增值税专用发票、公路内河货物运输业统一发票和机动车销售统一发票，应在开具之日起 180 日内到税务机关办理认证，并在认证通过的次月申报期内，向主管税务机关申报抵扣进项税额。

二、实行海关进口增值税专用缴款书（以下简称海关缴款书）“先比对后抵扣”管理办法的增值税一般纳税人取得 2010 年 1 月 1 日以后开具的海关缴款书，应在开具之日起 180 日内向主管税务机关报送《海关完税凭证抵扣清单》（包括纸质资料和电子数据）申请稽核比对。

未实行海关缴款书“先比对后抵扣”管理办法的增值税一般纳税人取得 2010 年 1 月 1 日以后开具的海关缴款书，应在开具之日起 180 日后的第一个纳税申报期结束以前，向主管税务机关申报抵扣进项税额。

三、增值税一般纳税人取得 2010 年 1 月 1 日以后开具的增值税专用发票、公路内河货物运输业统一发票、机动车销售统一发票以及海关缴款书，未在规定期限内到税务机关办理认证、申报抵扣或者申请稽核比对的，不得作为合法的增值税扣税凭证，不得计算进项税额抵扣。

四、增值税一般纳税人丢失已开具的增值税专用发票，应在本通知第一条规定期限内，按照《国家税务总局关于修订〈增值税专用发票使用规定〉的通知》（国税发〔2006〕156 号）第二十八条及相关规定办理。

增值税一般纳税人丢失海关缴款书，应在本通知第二条规定期限内，凭报关地海关出具的相关已完税证明，向主管税务机关提出抵扣申请。主管税务机关受理申请后，应当进行审核，并将纳税人提供的海关缴款书电子数据纳入稽核系统进行比对。稽核比对无误后，方可允许计算进项税额抵扣。

五、本通知自 2010 年 1 月 1 日起执行。纳税人取得 2009 年 12 月 31 日以前开具的增值税扣税凭证，仍按原规定执行。

《国家税务总局关于增值税一般纳税人取得防伪税控系统开具的增值税专用发票进项税额抵扣问题的通知》（国税发〔2003〕17 号）第一条、《国家税务总局关于加强货物运输业税收征收管理的通知》（国税发〔2003〕121 号）附件 2《运输发票增值税抵扣管理试行办法》第五条、《国家税务总局关于加强货物运输业税收征收管理有关问题的通知》（国税发明电〔2003〕55 号）第十条、《国家税务总局关于加强海关进口增值税专用缴款书和废旧物资发票管理有关问题的通知》（国税函〔2004〕128 号）附件 1《海关进口增值税专用缴款书稽核办法》第三条、《国家税务总局关于货物运输业若干税收问题的通知》（国税发〔2004〕88 号）第十条第（三）款、《国家税务总局关于增值税一般纳税人取得海关进口增值税专用缴款书抵扣进项税额问题的通知》(国税发〔2004〕148 号)第二条、第三条、第四条、《国家税务总局关于推行机动车销售统一发票税控系统有关工作的紧急通知》(国税发〔2008〕117 号)第五条、《国家税务总局关于部分地区试行海关进口增值税专用缴款书"先比对后抵扣"管理办法的通知》(国税函〔2009〕83 号)第一条规定同时废止。

六、各地应认真做好本通知的落实与宣传工作,执行中发现问题,应及时上报国家税务总局(货物和劳务税司)。

国家税务总局

二〇〇九年十一月九日

附录 6

错误发票清单和需手工调整发票清单

一、错误发票清单

序号	销货方	发票号码	附图	错误原因
1	新疆税友软件有限公司	00059108	7-5	认证超期，大于 180 天
2	新疆税友软件有限公司	00008913	7-6	销货方纳税人识别号不符，新疆为 6501，不是 6401
3	广东税友软件股份有限公司	06068413	7-11	专用发票代码不符，广州市为 4401，4410 为广东省潮州市
4	上海税友软件有限公司	00002990	7-20	密文压线和少位，增值税专用发票税控码为 84 位，每行为 21 位
5	新疆税友软件有限公司	00059109	7-23	认证超期，大于 180 天
6	远成集团有限公司绍兴分公司	01658377	7-30	模糊不清（密文不符）、水渍等原因使税控码区不能扫描和读取

二、需手工调整发票清单

序号	销货方	发票号码	附图	错误原因
1	税友软件集团股份有限公司	00026526	7-10	盖章地方有误（盖到金额上）
2	上海税友软件有限公司	00002989	7-19	盖章地方有误（盖到销货方纳税识别号上）

这两张为正确发票，在实际工作中，很多单位盖章的位置不恰当，盖住了税额或者销货方纳税识别号，扫描时可能会不清楚（扫描机本身有滤红功能），这时需要手工调整，再保存。

附录 7　发票

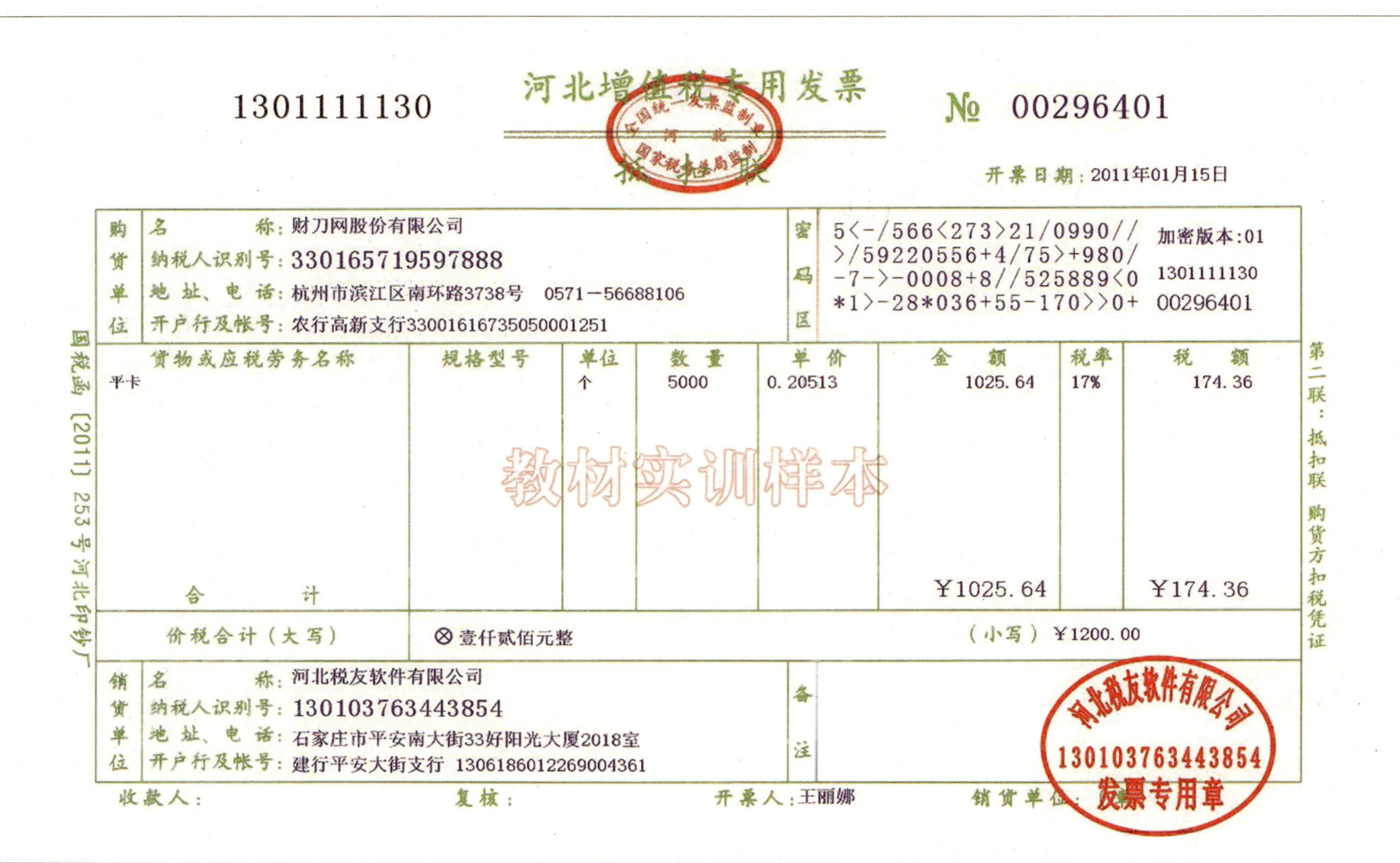

1301111130　　河北增值税专用发票　　№ 00296401

抵扣联

开票日期：2011年01月15日

购货单位：
名　　称：财刀网股份有限公司
纳税人识别号：330165719597888
地 址、电 话：杭州市滨江区南环路3738号　0571－56688106
开户行及帐号：农行高新支行330016167350500001251

密码区：
5<-/566<273>21/0990//　加密版本:01
>/59220556+4/75>+980/　1301111130
-7->-0008+8//525889<0
*1>-28*036+55-170>>0+　00296401

货物或应税劳务名称	规格型号	单位	数量	单价	金额	税率	税额
平卡		个	5000	0.20513	1025.64	17%	174.36
合　计					¥1025.64		¥174.36

价税合计（大写）⊗壹仟贰佰元整　（小写）¥1200.00

销货单位：
名　　称：河北税友软件有限公司
纳税人识别号：130103763443854
地 址、电 话：石家庄市平安南大街33好阳光大厦2018室
开户行及帐号：建行平安大街支行 1306186012269004361

备注：河北税友软件有限公司 130103763443854 发票专用章

收款人：　　复核：　　开票人：王丽娜　　销货单位：（章）

第二联：抵扣联 购货方扣税凭证

国税函〔2011〕253号河北印钞厂

教材实训样本

附图 7-1

1301111130　　**河北增值税专用发票**　　№ 00296402

抵扣联

开票日期：2011年01月16日

购货单位	名称：财刀网股份有限公司 纳税人识别号：330165719597888 地址、电话：杭州市滨江区南环路3738号 0571—56688107 开户行及帐号：农行高新支行33001616735050001251	密码区	5<-/566<273>21/0990// >/59220556+4/75>+980/ -7->-0008+8//525889<0 *1>-28*036+55-170>>0+	加密版本:01 1301111130 00296402

货物或应税劳务名称	规格型号	单位	数量	单价	金额	税率	税额
平卡		个	3000	0.38462	1153.85	17%	196.15
合计					¥1153.85		¥196.15
价税合计（大写）	⊗壹仟叁佰伍拾元整				（小写）¥1350.00		

销货单位	名称：河北税友软件有限公司 纳税人识别号：130103763443854 地址、电话：石家庄市平安南大街33好阳光大厦2018室 开户行及帐号：建行平安大街支行 1306186012269004361	备注	

收款人：　　复核：　　开票人：王丽娜　　销货单位：（章）

第二联：抵扣联 购货方扣税凭证

国税函〔2011〕253号河北印钞厂

全国统一发票监制章 河北 国家税务局监制

河北税友软件有限公司 130103763443854 发票专用章

附图 7-2

4403111130　　**深圳增值税专用发票**　　№ 00069056

抵扣联

开票日期：2011年01月17日

购货单位	名　　称：财刀网股份有限公司 纳税人识别号：330165719597888 地 址、电 话：杭州市滨江区南环路3738号　0571－56688108 开户行及帐号：农行高新支行33001616735050001251	密码区	5<-/566<273>21/0990// >/59220556+4/75>+980/ -7->-0008+8//525889<0 *1>-28*036+55-170>>0+	加密版本:01 4403111130 00069056

货物或应税劳务名称	规格型号	单位	数量	单价	金额	税率	税额
铁柜		个	2	384.61538	769.23	17%	130.77
合　计					¥769.23		¥130.77
价税合计（大写）	⊗玖佰元整				（小写）¥900.00		

销货单位	名　　称：深圳税友软件有限公司 纳税人识别号：440301757627569 地 址、电 话：深圳市深南中路佳和华强大厦A座10楼1010　0755-83794959 开户行及帐号：招商银行深纺大厦支行　9585058910001	备注	

收款人：　　复核：　　开票人：吕方　　销货单位：（章）

第二联：抵扣联　购货方扣税凭证

国税函〔2011〕253号深圳印钞厂

（印章：全国统一发票监制章　深圳　国家税务局监制）

（印章：深圳税友软件有限公司　440301757627569　发票专用章）

教材实训样本

附图 7-3

4403111130　　**深圳增值税专用发票**　　№ 00069057

抵扣联

开票日期：2011年01月18日

购货单位	名　　　称：财刀网股份有限公司 纳税人识别号：330165719597888 地 址、电 话：杭州市滨江区南环路3738号　0571—56688109 开户行及帐号：农行高新支行33001616735050001251	密码区	5<-/566<273>21/0990// >/59220556+4/75>+980/ -7->-0008+8//525889<0 *1>-28*036+55-170>>0+	加密版本:01 4403111130 00069057

货物或应税劳务名称	规格型号	单位	数量	单价	金额	税率	税额
铁柜		个	10	464.95726	4649.57	17%	790.43
合　　计					￥4649.57		￥790.43
价税合计（大写）	⊗伍仟肆佰肆拾元整				（小写）￥5440.00		

销货单位	名　　　称：深圳税友软件有限公司 纳税人识别号：440301757627569 地 址、电 话：深圳市深南中路佳和华强大厦A座10楼1010　0755-83794959 开户行及帐号：招商银行深纺大厦支行　9585058910001	备注	

收款人：　　复核：　　开票人：吕方　　销货单位：（章）

第二联：抵扣联　购货方扣税凭证

国税函〔2011〕253号深圳印钞厂

教材实训样本

附图 7-4

6501101130　　**新疆增值税专用发票**　　№ 00059108

抵扣联

开票日期：2010年05月06日

购货单位	名称：财刀网股份有限公司 纳税人识别号：330165719597888 地址、电话：杭州市滨江区南环路3738号　0571－56688110 开户行及帐号：农行高新支行33001616735050001251			密码区	5<-/566<273>21/0990// >/59220556+4/75>+980/ -7->-0008+8//525889<0 *1>-28*036+55-170>>0+	加密版本：01 6501101130 00059108	
货物或应税劳务名称	规格型号	单位	数量	单价	金额	税率	税额
护角		个	3000	2.47337	7420.11	17%	1261.42
合　　计					￥7420.11		￥1261.42
价税合计（大写）	⊗捌佰陆佰捌拾壹元伍角叁分				（小写）￥8681.53		
销货单位	名称：新疆税友软件有限公司 纳税人识别号：650102556493074 地址、电话：乌鲁木齐市天山区青年路北一巷4号　0991-2680758 开户行及帐号：乌鲁木齐市商业银行五星支行　0000020010110061127228			备注			

收款人：　　复核：　　开票人：周三　　销货单位：（章）

第二联：抵扣联　购货方扣税凭证

国税函〔2011〕253号新疆印钞厂

附图 7-5

6501111130 **新疆增值税专用发票** № 00008913

抵扣联

全国统一发票监制章 新疆 国家税务总局监制

开票日期：2011年01月20日

购货单位	名称：财刀网股份有限公司 纳税人识别号：330165719597888 地址、电话：杭州市滨江区南环路3738号 0571—56688111 开户行及帐号：农行高新支行33001616735050001251	密码区	5<-/566<273>21/0990// >/59220556+4/75>+980/ -7->-0008+8//525889<0 *1>-28*036+55-170>>0+	加密版本:01 6501111130 00008913

货物或应税劳务名称	规格型号	单位	数量	单价	金额	税率	税额
存储器		个	100	36.15385	3615.39	17%	614.61
合计					¥3615.39		¥614.61
价税合计（大写）	⊗肆仟贰佰叁拾元整				（小写）¥4230.00		

销货单位	名称：新疆税友软件有限公司 纳税人识别号：640102556493074 地址、电话：乌鲁木齐市天山区青年路北一巷4号 0991-2680758 开户行及帐号：乌鲁木齐市商业银行五星支行 0000020010110061127228	备注	

收款人： 复核： 开票人：周三 销货单位：（章）

新疆税友软件有限公司 650102556493074 发票专用章

第二联：抵扣联 购货方扣税凭证

国税函〔2011〕253号新疆印钞厂

附图 7-6

3301111130

浙江增值税专用发票

抵扣联

№ 00026523

开票日期：2011年01月20日

购货单位	名称：财刀网股份有限公司 纳税人识别号：330165719597888 地址、电话：杭州市滨江区南环路3738号 0571－56688112 开户行及帐号：农行高新支行33001616735050001251	密码区	5<-/566<273>21/0990// >/59220556+4/75>+980/ -7->-0008+8//525889<0 *1>-28*036+55-170>>0+	加密版本:01 3301111130 00026523

货物或应税劳务名称	规格型号	单位	数量	单价	金额	税率	税额
电脑		台	4	2500	10000.00	17%	1700.00
合计					¥10000.00		¥1700.00
价税合计（大写）	⊗壹万壹仟柒佰元整				（小写）¥11700.00		

销货单位	名称：税友软件集团股份有限公司 纳税人识别号：330165719597557 地址、电话：杭州市滨江区南环路3738号税友大厦12层 56688102 开户行及帐号：建行浙江省分行杭州市高新支行 33001616735050001250	备注	

收款人：　　复核：　　开票人：张三　　销货单位：（章）

第二联：抵扣联 购货方扣税凭证

国税函〔2011〕253号浙江印钞厂

附图 7-7

3301111130　　**浙江增值税专用发票**　　№ 00026524

抵扣联

开票日期：2011年01月20日

购货单位	名称：财刀网股份有限公司 纳税人识别号：330165719597888 地址、电话：杭州市滨江区南环路3738号 0571－56688113 开户行及帐号：农行高新支行330016167350500001251	密码区	5<-/566<273>21/0990// >/59220556+4/75>+980/ -7->-0008+8//525889<0 *1>-28*036+55-170>>0+	加密版本：01 3301111130 00026524

货物或应税劳务名称	规格型号	单位	数量	单价	金额	税率	税额
电脑		台	4	2500	10000.00	17%	1700.00
合计					¥10000.00		¥1700.00
价税合计（大写）	⊗壹万壹仟柒佰元整				（小写）¥11700.00		

销货单位	名称：税友软件集团股份有限公司 纳税人识别号：330165719597557 地址、电话：杭州市滨江区南环路3738号税友大厦12层 56688102 开户行及帐号：建行浙江省分行杭州市高新支行 3300161673505000125C	备注	

收款人：　　复核：　　开票人：张三　　销货单位：（章）

第二联：抵扣联 购货方扣税凭证

国税函〔2011〕253号浙江印钞厂

附图 7-8

3301111130　　**浙江增值税专用发票**　　№ 00026525

抵扣联

开票日期：2011年01月20日

购货单位	名称：财刀网股份有限公司 纳税人识别号：330165719597888 地址、电话：杭州市滨江区南环路3738号　0571—56688114 开户行及帐号：农行高新支行33001616735050001251	密码区	5<-/566<273>21/0990// >/59220556+4/75>+980/ -7->-0008+8//525889<0 *1>-28*036+55-170>>0+	加密版本:01 3301111130 00026525

货物或应税劳务名称	规格型号	单位	数量	单价	金额	税率	税额
电脑		台	4	2500	10000.00	17%	1700.00
合　　计					¥10000.00		¥1700.00
价税合计（大写）	⊗ 壹万壹仟柒佰元整				（小写）¥11700.00		

销货单位	名称：税友软件集团股份有限公司 纳税人识别号：330165719597557 地址、电话：杭州市滨江区南环路3738号税友大厦12层　56688102 开户行及帐号：建行浙江省分行杭州市高新支行　33001616735050001250	备注	

收款人：　　复核：　　开票人：张三　　销货单位：（章）

第二联：抵扣联　购货方扣税凭证

国税函〔2011〕253号浙江印钞厂

附图 7-9

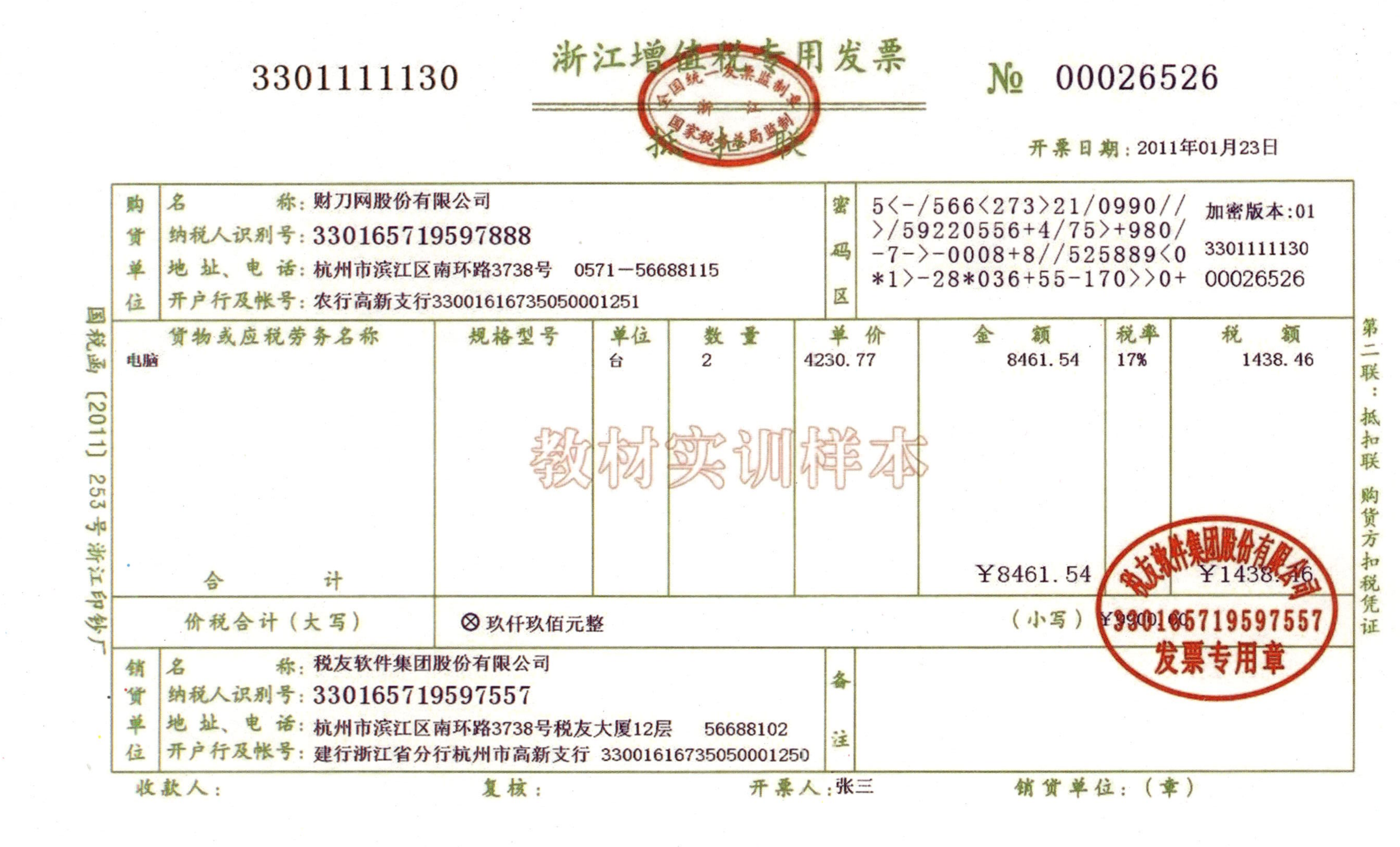

3301111130 **浙江增值税专用发票** № 00026526

抵扣联

开票日期：2011年01月23日

购货单位	名称：财刀网股份有限公司 纳税人识别号：330165719597888 地址、电话：杭州市滨江区南环路3738号 0571—56688115 开户行及帐号：农行高新支行330016167350500001251	密码区	5<-/566<273>21/0990// >/59220556+4/75>+980/ -7->-0008+8//525889<0 *1>-28*036+55-170>>0+	加密版本:01 3301111130 00026526

货物或应税劳务名称	规格型号	单位	数量	单价	金额	税率	税额
电脑		台	2	4230.77	8461.54	17%	1438.46
合计					¥8461.54		¥1438.46
价税合计（大写）	⊗玖仟玖佰元整				（小写）¥9900.00		

销货单位	名称：税友软件集团股份有限公司 纳税人识别号：330165719597557 地址、电话：杭州市滨江区南环路3738号税友大厦12层 56688102 开户行及帐号：建行浙江省分行杭州市高新支行 330016167350500001250	备注	

收款人：　　复核：　　开票人：张三　　销货单位：（章）

第二联：抵扣联 购货方扣税凭证

国税函〔2011〕253号浙江印钞厂

附图 7-10

4410111130 **广东增值税专用发票** № 06068413

抵扣联

开票日期：2011年01月17日

购货单位	名称：财刀网股份有限公司 纳税人识别号：330165719597888 地址、电话：杭州市滨江区南环路3738号 0571—56688116 开户行及帐号：农行高新支行330016167350500001251			密码区	5<-/566<273>21/0990// >/59220556+4/75>+980/ -7->-0008+8//525889<0 *1>-28*036+55-170>>0+	加密版本:01 4410111130 06068413	
货物或应税劳务名称	规格型号	单位	数量	单价	金额	税率	税额
打印机		台	6	170.94	1025.64	17%	174.36
合计					¥1025.64		¥174.36
价税合计（大写）	⊗壹仟贰佰元整				（小写）¥1200.00		
销货单位	名称：广东税友软件股份有限公司 纳税人识别号：440100677761987 地址、电话：广州市天河区天河被人906号1508房 开户行及帐号：市建行高新技术产业开发区支行 440015805070590000135			备注			

收款人：　　复核：　　开票人：李四　　销货单位：（章）

第二联：抵扣联 购货方扣税凭证

国税函〔2011〕253号广东印钞厂

全国统一发票监制章 广东 国家税务总局监制

广东税友软件有限公司 440100677761987 发票专用章

教材实训样本

附图 7-11

4401111130　　**广东增值税专用发票**　　№ 06068414

抵扣联

开票日期：2011年01月17日

购货单位	名　　称：财刀网股份有限公司 纳税人识别号：330165719597888 地址、电话：杭州市滨江区南环路3738号　0571－56688117 开户行及帐号：农行高新支行33001616735050001251	密码区	5<-/566<273>21/0990// >/59220556+4/75>+980/ -7->-0008+8//525889<0 *1>-28*036+55-170>>0+	加密版本:01 4401111130 06068414

货物或应税劳务名称	规格型号	单位	数量	单价	金额	税率	税额
复印机		台	2	504.275	1008.55	17%	171.45
合　计					¥1008.55		¥171.45
价税合计（大写）	⊗壹仟壹佰捌拾元整				（小写）¥1180.00		

销货单位	名　　称：广东税友软件股份有限公司 纳税人识别号：440100677761987 地址、电话：广州市天河区天河被人906号1509房 开户行及帐号：市建行高新技术产业开发区支行　44001580507059000135	备注	

收款人：　　复核：　　开票人：李四　　销货单位：（章）

广东税友软件有限公司 440100677761987 发票专用章

全国统一发票监制章 广东 国家税务局监制

第二联：抵扣联　购货方扣税凭证

国税函〔2011〕253号广东印钞厂

教材实训样本

附图 7-12

4401111130　　**广东增值税专用发票**　　№ 06068415

抵扣联

开票日期：2011年01月17日

购货单位	名　　称：财刀网股份有限公司 纳税人识别号：330165719597888 地址、电话：杭州市滨江区南环路3738号　0571－56688118 开户行及帐号：农行高新支行33001616735050001251	密码区	5<-/566<273>21/0990// >/59220556+4/75>+980/ -7->-0008+8//525889<0 *1>-28*036+55-170>>0+	加密版本:01 4401111130 06068415

货物或应税劳务名称	规格型号	单位	数量	单价	金额	税率	税额
复印机		台	2	504.275	1008.55	17%	171.45
合　　计					¥1008.55		¥171.45
价税合计（大写）	⊗壹仟壹佰捌拾元整				（小写）¥1180.00		

销货单位	名　　称：广东税友软件股份有限公司 纳税人识别号：440100677761987 地址、电话：广州市天河区天河被人906号1510房 开户行及帐号：市建行高新技术产业开发区支行　44001580507059000135	备注	

收款人：　　复核：　　开票人：李四　　销货单位：（章）

第二联：抵扣联　购货方扣税凭证

国税函〔2011〕253号广东印钞厂

教材实训样本

附图 7-13

3301111130　　**浙江增值税专用发票**　　№ 00026610

抵扣联

开票日期：2011年01月18日

购货单位	名称：财刀网股份有限公司 纳税人识别号：330165719597888 地址、电话：杭州市滨江区南环路3738号　0571－56688119 开户行及帐号：农行高新支行33001616735050001251	密码区	5<-/566<273>21/0990// >/59220556+4/75>+980/ -7->-0008+8//525889<0 *1>-28*036+55-170>>0+	加密版本：01 3301111130 00026610

货物或应税劳务名称	规格型号	单位	数量	单价	金额	税率	税额
扫描仪		台	7	290.59857	2034.19	17%	345.81
合　计					¥2034.19		¥345.81
价税合计（大写）	⊗贰仟叁佰捌拾元整				（小写）¥2380.00		

销货单位	名称：浙江衡信教育科技有限公司 纳税人识别号：330100697058965 地址、电话：杭州市滨江区南环路3738号税友大厦819室　0571－56688101 开户行及帐号：农行高新支行　045301040011362	备注	

收款人：　　复核：　　开票人：李四　　销货单位：（章）

第二联：抵扣联　购货方扣税凭证

国税函〔2011〕253号浙江印钞厂

全国统一发票监制章　浙江　国家税务总局监制

浙江衡信教育科技有限公司　330100697058965　发票专用章

附图 7-14

3301111130　　**浙江增值税专用发票**　　№ 00026611

抵扣联

开票日期：2011年01月18日

购货单位	名　　称：财刀网股份有限公司 纳税人识别号：330165719597888 地址、电话：杭州市滨江区南环路3738号　0571－56688120 开户行及帐号：农行高新支行33001616735050001251				密码区	5<－/566<273>21/0990// >/59220556+4/75>+980/ -7->-0008+8//525889<0 *1>-28*036+55-170>>0+	加密版本：01 3301111130 00026611
货物或应税劳务名称	规格型号	单位	数量	单价	金额	税率	税额
空调		台	3	3076.92333	9230.77	17%	1569.23
合　　计					￥9230.77		￥1569.23
价税合计（大写）	⊗壹万零捌佰元整				（小写）￥10800.00		
销货单位	名　　称：浙江衡信教育科技有限公司 纳税人识别号：330100697058965 地址、电话：杭州市滨江区南环路3738号税友大厦819室　0571－56688102 开户行及帐号：农行高新支行　045301040011362				备注		

收款人：　　复核：　　开票人：李四　　销货单位：（章）

印章：全国统一发票监制章　浙江　国家税务局监制

印章：浙江衡信教育科技有限公司　330100697058965　发票专用章

第二联：抵扣联　购货方扣税凭证

国税函〔2011〕253号浙江印钞厂

附图 7-15

浙江增值税专用发票

3301111130　　　№ 00026614

抵扣联

开票日期：2011年01月18日

购货单位	名称：财刀网股份有限公司 纳税人识别号：330165719597888 地址、电话：杭州市滨江区南环路3738号 0571－56688121 开户行及帐号：农行高新支行330016167350500001251	密码区	5<-/566<273>21/0990// >/59220556+4/75>+980/ -7->-0008+8//525889<0 *1>-28*036+55-170>>0+	加密版本:01 3301111130 00026614

货物或应税劳务名称	规格型号	单位	数量	单价	金额	税率	税额
空调		台	5	3076.924	15384.61	17%	2615.39
合计					￥15384.61		￥2615.39
价税合计（大写）	⊗壹万捌仟元整				（小写）￥18000.00		

销货单位	名称：浙江衡信教育科技有限公司 纳税人识别号：330100697058965 地址、电话：杭州市滨江区南环路3738号税友大厦819室 0571－56688103 开户行及帐号：农行高新支行 045301040011362	备注	

收款人：　　复核：　　开票人：李四　　销货单位：（章）

第二联：抵扣联 购货方扣税凭证

国税函〔2011〕253号浙江印钞厂

附图 7-16

3100111130

上海增值税专用发票

抵扣联

№ 00002987

开票日期：2011年01月18日

购货单位	名　　称：财刀网股份有限公司 纳税人识别号：330165719597888 地址、电话：杭州市滨江区南环路3738号　0571－56688122 开户行及帐号：农行高新支行330016167350500001251	密码区	5<-/566<273>21/0990// >/59220556+4/75>+980/ -7->-0008+8//525889<0 *1>-28*036+55-170>>0+	加密版本:01 3100111130 00002987

货物或应税劳务名称	规格型号	单位	数量	单价	金额	税率	税额
办公桌		张	6	170.94	1025.64	17%	174.36
合　　计					¥1025.64		¥174.36
价税合计（大写）	⊗壹仟贰佰元整				（小写）¥1200.00		

销货单位	名　　称：上海税友软件有限公司 纳税人识别号：310101737450823 地址、电话：上海市天目中路253号蓝宝石大厦十楼　021-51015818 开户行及帐号：建行第六支行　31000158500605000 1020	备注	

收款人：　　复核：　　开票人：王五　　销货单位：（章）

第二联：抵扣联　购货方扣税凭证

国税函〔2011〕253号上海印钞厂

上海税友软件有限公司 310101737450823 发票专用章

教材实训样本

附图 7-17

3100111130

上海增值税专用发票

抵扣联

№ 00002988

（印章：全国统一发票监制章 上海 国家税务局监制）

开票日期：2011年01月11日

购货单位	名　　称：财刀网股份有限公司 纳税人识别号：330165719597888 地址、电话：杭州市滨江区南环路3738号　0571－56688123 开户行及帐号：农行高新支行330016167350500001251	密码区	5<-/566<273>21/0990// >/59220556+4/75>+980/ -7->-0008+8//525889<0 *1>-28*036+55-170>>0+	加密版本:01 3100111130 00002988

货物或应税劳务名称	规格型号	单位	数量	单价	金额	税率	税额
办公桌		张	10	170.94	1709.40	17%	290.60
合　　计					￥1709.40		￥290.60
价税合计（大写）	⊗贰仟元整				（小写）￥2000.00		

销货单位	名　　称：上海税友软件有限公司 纳税人识别号：310101737450823 地址、电话：上海市天目中路253号蓝宝石大厦十楼　021-51015818 开户行及帐号：建行第六支行　310001585006050001020	备注	

收款人：　　　复核：　　　开票人：王五　　　销货单位：（章）

（印章：上海税友软件有限公司 310101737450823 发票专用章）

第二联：抵扣联　购货方扣税凭证

国税函〔2011〕253号上海印钞厂

附图 7-18

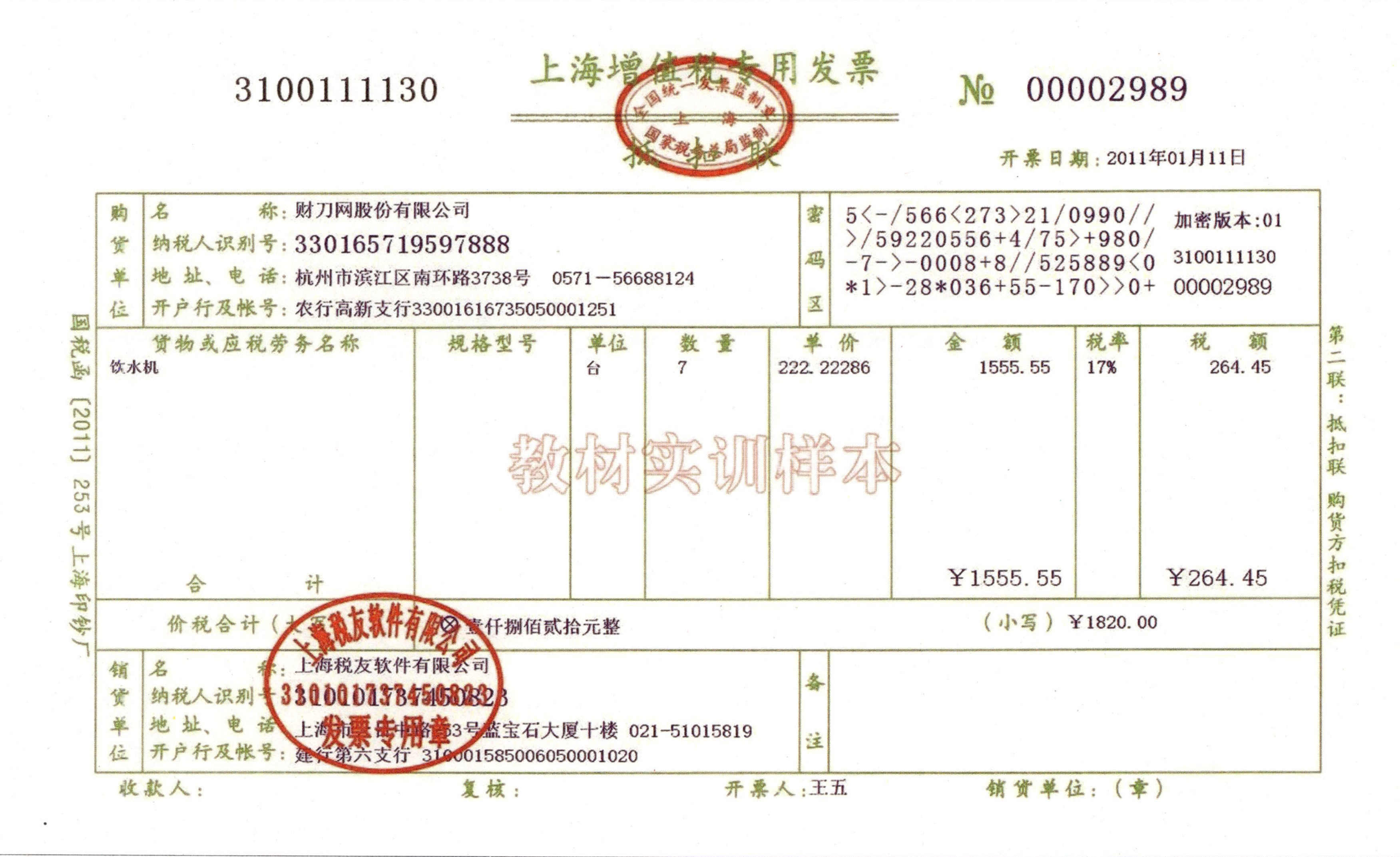

3100111130　　**上海增值税专用发票**　　№ 00002989

抵扣联

开票日期：2011年01月11日

购货单位	名　　称：财刀网股份有限公司 纳税人识别号：330165719597888 地 址、电 话：杭州市滨江区南环路3738号　0571－56688124 开户行及帐号：农行高新支行33001616735050001251	密码区	5<-/566<273>21/0990// >/59220556+4/75>+980/ -7->-0008+8//525889<0 *1>-28*036+55-170>>0+	加密版本:01 3100111130 00002989

货物或应税劳务名称	规格型号	单位	数量	单价	金额	税率	税额
饮水机		台	7	222.22286	1555.55	17%	264.45
合　　计					¥1555.55		¥264.45
价税合计（大写）	⊗壹仟捌佰贰拾元整				（小写）¥1820.00		

销货单位	名　　称：上海税友软件有限公司 纳税人识别号：310100173745082[illegible] 地 址、电 话：上海市[illegible]路53号蓝宝石大厦十楼　021-51015819 开户行及帐号：建行第六支行　3100015850060500001020	备注	

收款人：　　复核：　　开票人：王五　　销货单位：（章）

第二联：抵扣联　购货方扣税凭证

国税函〔2011〕253号上海印钞厂

印章：全国统一发票监制章　上海　国家税务局监制

印章：上海税友软件有限公司　发票专用章

附图 7-19

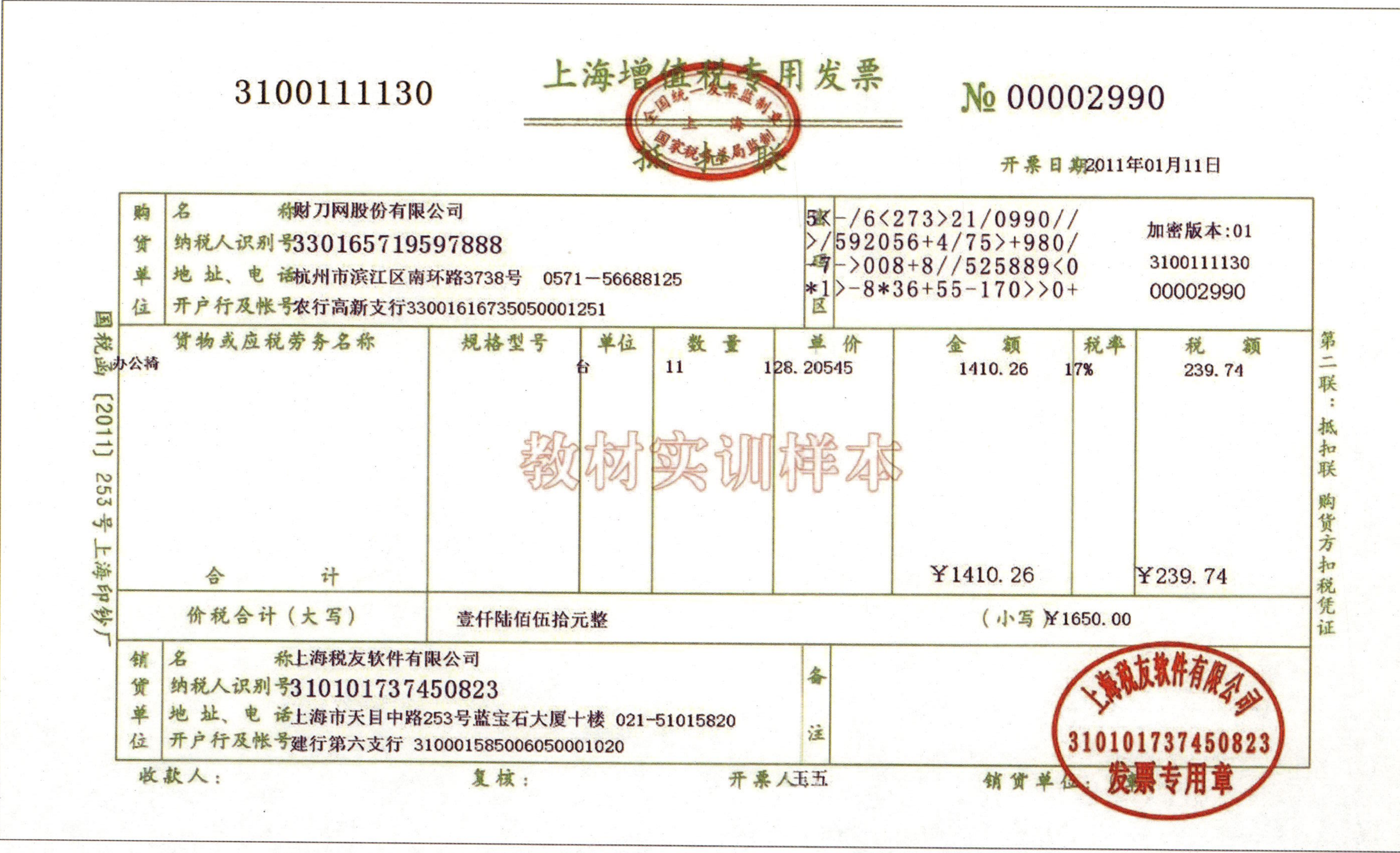

3100111130 上海增值税专用发票 № 00002990

抵扣联

开票日期2011年01月11日

购货单位	名称 财刀网股份有限公司 纳税人识别号 330165719597888 地址、电话 杭州市滨江区南环路3738号 0571—56688125 开户行及帐号 农行高新支行33001616735050001251	密码区	-/6<273>21/0990// 592056+4/75>+980/ ->008+8//525889<0 >-8*36+55-170>>0+	加密版本:01 3100111130 00002990

货物或应税劳务名称	规格型号	单位	数量	单价	金额	税率	税额
办公椅		台	11	128.20545	1410.26	17%	239.74
合计					¥1410.26		¥239.74
价税合计（大写）	壹仟陆佰伍拾元整				（小写）¥1650.00		

销货单位	名称 上海税友软件有限公司 纳税人识别号 310101737450823 地址、电话 上海市天目中路253号蓝宝石大厦十楼 021-51015820 开户行及帐号 建行第六支行 310001585006050001020	备注	

收款人： 复核： 开票人 王五 销货单位：（章）

第二联：抵扣联 购货方扣税凭证

国税函〔2011〕253号上海印钞厂

附图 7-20

1301111130　　**河北增值税专用发票**　　№ 00296403

抵 扣 联

开票日期：2011年01月16日

购货单位		密码区	
名称：	财刀网股份有限公司	5<-/566<273>21/0990// >/59220556+4/75>+980/ -7->-0008+8//525889<0 *1>-28*036+55-170>>0+	加密版本:01 1301111130 00296403
纳税人识别号：	330165719597888		
地址、电话：	杭州市滨江区南环路3738号　0571—56688107		
开户行及帐号：	农行高新支行33001616735050001251		

货物或应税劳务名称	规格型号	单位	数量	单价	金额	税率	税额
平卡		个	2000	0.53419	1068.38	17%	181.62
合　　计					￥1068.38		￥181.62
价税合计（大写）	⊗壹仟贰佰伍拾元整				（小写）￥1250.00		

销货单位		备注
名称：	河北税友软件有限公司	
纳税人识别号：	130103763443854	
地址、电话：	石家庄市平安南大街33好阳光大厦2018室	
开户行及帐号：	建行平安大街支行　13061860122269004361	

收款人：　　复核：　　开票人：王丽娜　　销货单位：（章）

第二联：抵扣联　购货方扣税凭证

国税函〔2011〕253号河北印钞厂

教材实训样本

（印章：全国统一发票监制章 河北 国家税务局监制）

（印章：河北税友软件有限公司 130103763443854 发票专用章）

附图 7-21

4403111130　　**深圳增值税专用发票**　　№ 00069058

抵扣联

全国统一发票监制章 深圳 国家税务局监制

开票日期：2011年01月18日

购货单位	名称：财刀网股份有限公司 纳税人识别号：330165719597888 地址、电话：杭州市滨江区南环路3738号 0571－56688109 开户行及帐号：农行高新支行33001616735050001251	密码区	5<-/566<273>21/0990// >/59220556+4/75>+980/ -7->-0008+8//525889<0 *1>-28*036+55-170>>0+	加密版本:01 4403111130 00069058

货物或应税劳务名称	规格型号	单位	数量	单价	金额	税率	税额
铁柜		个	3	170.94	512.82	17%	87.18
合　计					¥512.82		¥87.18
价税合计（大写）	⊗陆佰元整				（小写）¥600.00		

销货单位	名称：深圳税友软件有限公司 纳税人识别号：440301757627569 地址、电话：深圳市深南中路佳和华强大厦A座10楼1010 0755-83794959 开户行及帐号：招商银行深纺大厦支行 9585058910001	备注	

收款人：　　复核：　　开票人：吕方　　销货单位：（章）

深圳税友软件有限公司 440301757627569 发票专用章

第二联：抵扣联 购货方扣税凭证

国税函〔2011〕253号深圳印钞厂

附图 7-22

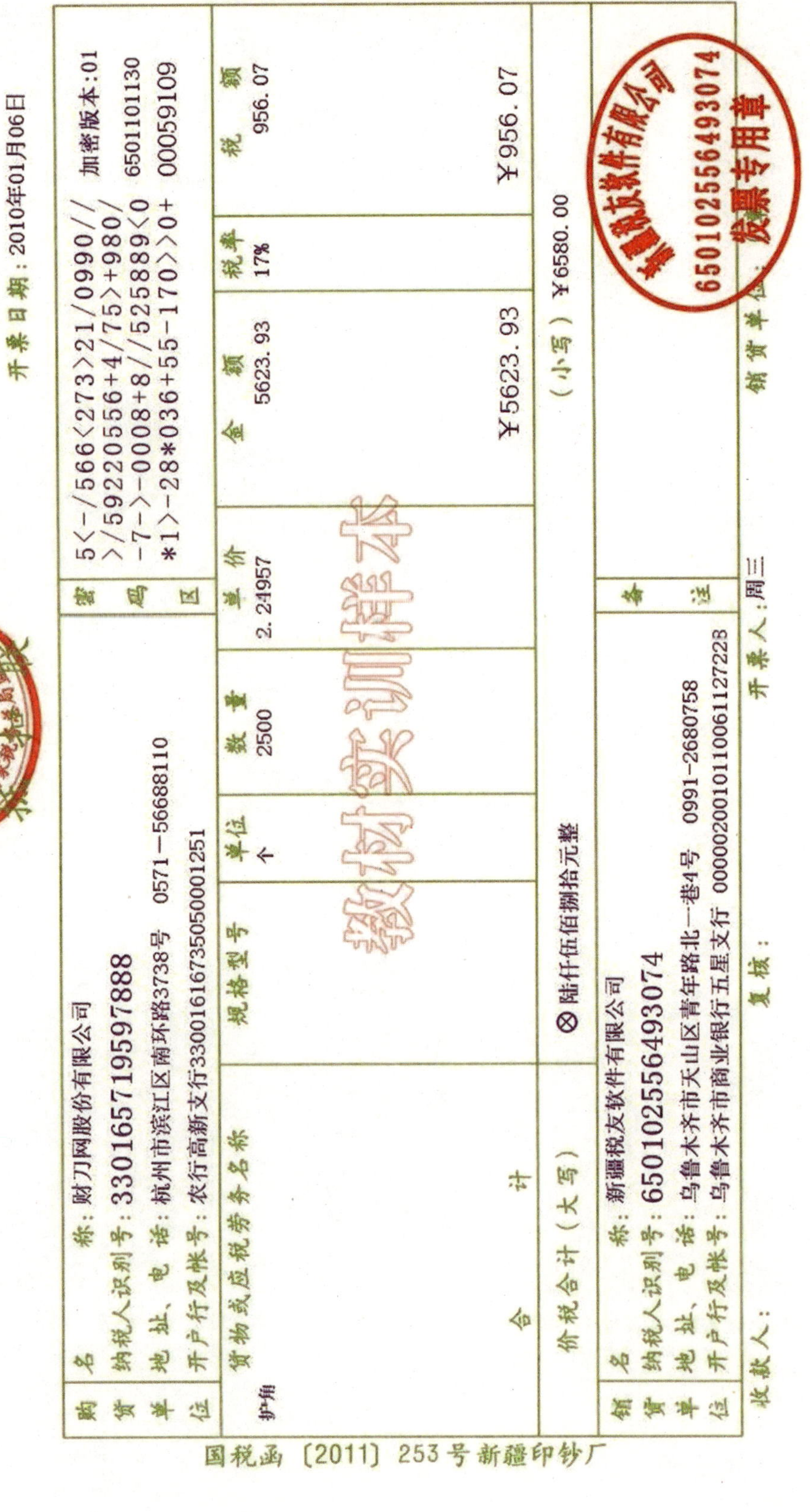

6501101130　　**新疆增值税专用发票**　　№ 00059109

抵扣联

开票日期：2010年01月06日

购货单位	名称：财刀网股份有限公司 纳税人识别号：330165719597888 地址、电话：杭州市滨江区南环路3738号 0571－56688110 开户行及帐号：农行高新支行33001616735050001251	密码区	5<-/566<273>21/0990// >/59220556+4/75>+980/ -7->-0008+8//525889<0 *1>-28*036+55-170>>0+	加密版本:01 6501101130 00059109

货物或应税劳务名称	规格型号	单位	数量	单价	金额	税率	税额
护角		个	2500	2.24957	5623.93	17%	956.07
合计					￥5623.93		￥956.07
价税合计（大写）	⊗陆仟伍佰捌拾元整				（小写）￥6580.00		

销货单位	名称：新疆税友软件有限公司 纳税人识别号：650102556493074 地址、电话：乌鲁木齐市天山区青年路北一巷4号 0991-2680758 开户行及帐号：乌鲁木齐市商业银行五星支行 00000200101110061127228	备注	

收款人：　　复核：　　开票人：周三　　销货单位：

附图 7-23

4410111130 **广东增值税专用发票** № 06068416

抵扣联

开票日期：2011年01月17日

购货单位	名称：财刀网股份有限公司 纳税人识别号：330165719597888 地址、电话：杭州市滨江区南环路3738号 0571—56688116 开户行及帐号：农行高新支行33001616735050001251	密码区	5<-/566<273>21/0990// >/59220556+4/75>+980/ -7->-0008+8//525889<0 *1>-28*036+55-170>>0+	加密版本:01 4410111130 06068416		
货物或应税劳务名称	规格型号	单位	数量	单价	金额	税率	税额
打印机		台	5	410.256	2051.28	17%	348.72
合计					￥2051.28		￥348.72
价税合计（大写）	⊗贰仟肆佰元整				（小写）￥2400.00		
销货单位	名称：广东税友软件股份有限公司 纳税人识别号：440100677761987 地址、电话：广州市天河区天河被人906号1508房 开户行及帐号：市建行高新技术产业开发区支行 44001580507059000135	备注					

收款人： 复核： 开票人：李四 销货单位：（章）

第二联：抵扣联 购货方扣税凭证

国税函〔2011〕253号广东印钞厂

广东税友软件有限公司 440100677761987 发票专用章

教材实训样本

附图 7-24

3301111130 **浙江增值税专用发票** № 00026612

抵扣联

（印章：全国统一发票监制章 浙江 国家税务局监制）

开票日期：2011年01月18日

购货单位	名称：财刀网股份有限公司 纳税人识别号：330165719597888 地址、电话：杭州市滨江区南环路3738号 0571－56688119 开户行及帐号：农行高新支行33001616735050001251			密码区	5<-/566<273>21/0990// >/59220556+4/75>+980/ -7->-0008+8//525889<0 *1>-28*036+55-170>>0+		加密版本：01 3301111130 00026612
货物或应税劳务名称	规格型号	单位	数量	单价	金额	税率	税额
扫描仪		台	2	1282.05	2564.10	17%	435.90
合计					￥2564.10		￥435.90
价税合计（大写）	⊗叁仟元整				（小写）￥3000.00		
销货单位	名称：浙江衡信教育科技有限公司 纳税人识别号：330100697058965 地址、电话：杭州市滨江区南环路3738号税友大厦819室 0571－56688101 开户行及帐号：农行高新支行 045301040011362			备注			

收款人： 复核： 开票人：李四 销货单位：（章）

（印章：浙江衡信教育科技有限公司 330100697058965 发票专用章）

第二联：抵扣联 购货方扣税凭证

国税函〔2011〕253号浙江印钞厂

教材实训样本

附图 7-25

公路、内河货物运输业统一发票

抵扣联

发票代码 233001110143
发票号码 01658373

开票日期： 2011-01-17

机打代码	233001110143	税控码	01>6838414/4-2<5+8*69>3/70+*8<-291+3
机打号码	01658373		5>4>>1+66</++17*//9>2+*8+4//754+9889
机器编号	499100071186		7263135<8>07360++8+1+++-11895987*144
			4+42>42>*>753889-/2-016998<67-8-728*

收货人及纳税人识别号	财刀网股份有限公司 330165719597888	承运人及纳税人识别号	远成集团有限公司绍兴分公司 330621704497764
发货人及纳税人识别号	财刀网股份有限公司 +330165719597888	主管税务机关及代码	绍兴县地方税务局轻纺城所 23306210800

运输项目及金额

货物名称	数量（重量）	单位运价	计费里程	金额
电脑	15.00	0.80	300.00	3600.00

其他项目及金额

费用名称	金额
装卸费	450.00

备注：上海-杭州

运费小计	￥3600.00	其他费用小计	￥450.00
合计（大写）	⊗肆仟零伍拾元整	（小写）	￥4050.00

承运人盖章　　　　开票人：张玥

第二联　抵扣联　付款方抵扣凭证

（手写无效）

浙地税印1001625×10.06×200000份×4联　涉税举报电话：12366

浙江圣地票证印制中心承印

附图 7-26

公路、内河货物运输业统一发票

抵扣联

发票代码 233001110143
发票号码 01658374

开票日期： 2011-01-17

机打代码	233001110143	税控码	01>6838414/4-2<5+8*69>3/70+*8<-291+3
机打号码	01658374		5>4>>1+66</++17*//9>2+*8+4//754+9889
机器编号	499100071186		7263135<8>07360++8+1+++-11895987*144
			4+42>42>*>753889-/2-016998<67-8-728*
收货人及纳税人识别号	财刀网股份有限公司 330165719597888	承运人及纳税人识别号	远成集团有限公司绍兴分公司 330621704497764
发货人及纳税人识别号	财刀网股份有限公司 +330165719597888	主管税务机关及代码	绍兴县地方税务局轻纺城所 23306210800

运输项目及金额

货物名称	数量（重量）	单位运价	计费里程	金额
服务器	10.00	1.15	100.00	1150.00

其他项目及金额

费用名称	金额

备注

运费小计	¥1150.00	其他费用小计	¥0.00
合计（大写）	⊗壹仟壹佰伍拾元整	（小写）	¥1150.00

承运人盖章　　　　开票人：李奇

第二联 抵扣联 付款方抵扣凭证

（手写无效）

浙地税印1001625×10.06×200000份×4联　涉税举报电话：12366

浙江圣地票证印制中心承印

附图 7-27

教材实训样本

公路、内河货物运输业统一发票

抵扣联

发票代码 233001110143
发票号码 01658375

开票日期： 2011-01-17

机打代码	233001110143	税控码	01>6838414/4-2<5+8*69>3/70+*8<-291+3
机打号码	01658375		5>4>>1+66</++17*//9>2+*8+4//754+9889
机器编号	499100071186		7263135<8>07360++8+1+++-11895987*144
			4+42>42>*>753889-/2-016998<67-8-728*

收货人及纳税人识别号	财刀网股份有限公司 330165719597888	承运人及纳税人识别号	远成集团有限公司绍兴分公司 330621704497764
发货人及纳税人识别号	财刀网股份有限公司 +330165719597888	主管税务机关及代码	绍兴县地方税务局轻纺城所 23306210800

运输项目及金额

货物名称	数量（重量）	单位运价	计费里程	金额
电脑	40.00	0.80	60.00	1920.00

其他项目及金额

费用名称	金额

备注

运费小计	￥1920.00	其他费用小计	￥0.00
合计（大写）	⊗壹仟玖佰贰拾元整	（小写）	￥1920.00

承运人盖章　　　开票人：方芳

第二联 抵扣联 付款方抵扣凭证

（手写无效）

浙地税印1001625×10.06×200000份×4联　涉税举报电话：12366

浙江圣地票证印制中心承印

附图 7-28

教材实训样本

公路、内河货物运输业统一发票

抵扣联

发票代码 233001110143
发票号码 01658376

开票日期：2011-01-17

机打代码	233001110143	税控码	01>6838414/4-2<5+8*69>3/70+*8<-291+3 5>4>>1+66</++17*//9>2+*8+4//754+9889 7263135<8>07360++8+1+++-11895987*144 4+42>42>*>753889-/2-016998<67-8-728*
机打号码	01658376		
机器编号	499100071186		
收货人及纳税人识别号	财刀网股份有限公司 330165719597888	承运人及纳税人识别号	远成集团有限公司绍兴分公司 330621704497764
发货人及纳税人识别号	财刀网股份有限公司 +330165719597888	主管税务机关及代码	绍兴县地方税务局轻纺城所 23306210800

运输项目及金额：

货物名称	数量（重量）	单位运价	计费里程	金额
电脑配件	150.00	0.36	120.00	6480.00

其他项目及金额：

费用名称	金额
装卸费	500.00

备注：绍兴-杭州

运费小计	¥6480.00	其他费用小计	¥500.00
合计（大写）	⊗陆仟玖佰捌拾元整	（小写）	¥6980.00

承运人盖章　　　开票人：王琳

第二联　抵扣联　付款方抵扣凭证

（手写无效）

浙地税印1001625×10.06×200000份×4联　涉税举报电话：12366

浙江圣地票证印制中心承印

附图 7-29

教材实训样本

公路、内河货物运输业统一发票

抵 扣 联

发票代码 233001110143

发票号码 01658377

开票日期： 2011-01-17

机打代码	233001110143	税控码	01>6838414/4-2<5+8*69>3/7
机打号码	01658377		5>4>>1+66</++17*//9>2+*8
机器编号	499100071186		7263135<8>07360++8+1+++-1
			4+42>42>*>753889-/2-01699
收货人及纳税人识别号	财刀网股份有限公司 330165719597888	承运人及纳税人识别号	远成集团有限公司绍兴分公司 330621704497764
发货人及纳税人识别号	财刀网股份有限公司 +330165719597888	主管税务机关及代码	绍兴县地方税务局轻纺城所 23306210800

运输项目及金额

货物名称	数量（重量）	单位运价	计费里程	金额
服务器	30.00	1.12	50.00	1725.00

其他项目及金额

费用名称	金额

备注

运费小计	￥1725.00	其他费用小计	￥0.00
合计（大写）	⊗壹仟柒佰贰拾伍元整	（小写）	￥1725.00

承运人盖章　　　　开票人：陈东

第二联 抵扣联 付款方抵扣凭证

（手写无效）

浙地税印1001625×10.06×200000份×4联　涉税举报电话：12366

浙江圣地票证印制中心承印

附图 7-30

公路、内河货物运输业统一发票

抵扣联

发票代码 233001110143
发票号码 01658378

开票日期：2011-01-17

机打代码	233001110143	税控码	01>6838414/4-2<5+8*69>3/70+*8<-291+3
机打号码	01658375		5>4>>1+66</++17*//9>2+*8+4//754+9889
机器编号	499100071186		7263135<8>07360++8+1+++-11895987*144
			4+42>42>*>753889-/2-016998<67-8-728*

收货人及纳税人识别号	财刀网股份有限公司 330165719597888	承运人及纳税人识别号	远成集团有限公司绍兴分公司 330621704497764
发货人及纳税人识别号	财刀网股份有限公司 +330165719597888	主管税务机关及代码	绍兴县地方税务局轻纺城所 23306210800

运输项目及金额

货物名称	数量（重量）	单位运价	计费里程	金额
电脑	20.00	0.00	0.00	360.00

其他项目及金额

费用名称	金额

备注

运费小计	￥360.00	其他费用小计	￥0.00
合计（大写）	⊗叁佰陆拾元整	（小写）	￥360.00

承运人盖章　　开票人：方芳

第二联　抵扣联　付款方抵扣凭证

（手写无效）

浙地税印1001625×10.06×200000份×4联　涉税举报电话：12366

浙江圣地票证印制中心承印

附图 7-31